인생이모작사관학교 **맥아더스쿨**

마법의 코칭

오늘의 나를 있게 해 준 고맙고 사랑스러운
내 인생의 동반자, 나의 아내 이정숙에게 이 책을 바칩니다.

인생이모작사관학교 **맥아더스쿨**

마법의 코칭

맥아더스쿨 교장 **정은상** 지음

새로운사람들

왜 마법의 코칭인가?

맥아더스쿨은 인생이모작을 위해 일대일 코칭을 한다.

고집스럽게 티칭이 아닌 코칭을 하는 이유는 우선 필자가 가르칠 자격도 없고 별로 아는 게 없기 때문이다. 특히 일대일 코칭을 하게 된 이유는 많은 경험을 통해 가장 효과적이고 효율적인 방법을 찾아냈기 때문이다. 2명 이상 모이면 수준도 다르고 하고 싶은 욕구도 다르고 생각도 달라 티칭은 가능하지만 코칭은 불가능하다.

코칭을 하는 또 하나의 이유는 코칭을 통해 필자가 코칭 수업 대상자로부터 더 많이 배울 수 있기 때문이다. 이 놀라운 비밀을 알게 될 때까지 꽤 오랜 시간이 걸렸지만 깨닫고 난 후 이제는 계속해서 코칭을 지속하고 있다.

코칭은 자신을 내려놓으며 허심탄회하게 서로 터놓고 얘기할 수 있고 혹시 잘 모르는 분야가 있으면 함께 찾아볼 수 있다는 큰 장점이 있다.

코칭수업은 커리큘럼 없이 철저하게 대화식으로 수업을 진행하는 것이다. 대화를 통해 서로의 생각을 나누다 보면 생각지도 못했던 새로운 아이디어가 불쑥불쑥 떠오른다.

코칭수업을 통해 시간이 흘러갈수록 필자의 직접 경험과 생각에 덧붙여 코칭을 받는 사람의 간접 경험까지 참고할 수 있으니 일반적으로 책을 통해서 저자들의 간접 경험을 접하는 것보다 훨씬 이득이 많다.

또 하나의 특징은 코칭을 받는 사람들에게 코칭을 받는 때부터 주위에 있는 가족이나 지인들에게 코칭을 시작하도록 종용한다. 왜냐하면 코칭 수업을 받은 후 그대로 시간을 보내면 쉽게 잊어버리기 때문이다. 그래서 그날 코칭수업 받은 내용을 다음 주에 만날 때까지 다른 사람에게 코칭을 하면 기억도 할 수 있고 몸에 배기 때문이다.

웬만하면 코칭 수업을 위해 주위의 지인들을 필자에게 보내지 말고 직접 코칭을 하도록 권하고 있다.

코칭을 해야 할 분야는 무궁무진하다. 코칭을 하다 보면 새로운 직업이 만들어진다. 그야말로 창직(創職)이다.

새로운 직업은 지금까지 존재하지 않았던 직업의 세분화와 스마트 세상을 접목하면 자연스럽게 만들어진다. 창직(創職)이야말로 이모작인생의 블루오션이다.

맥아더스쿨 교장 정은상

contents

책머리에 왜 마법의 코칭인가?   4

제1부 맥아더스쿨 코칭 네트워크

고정욱, 고제순, 김봉선, 김영미, 김용대, 김재화, 김정은, 김준호,
민수영, 박보영, 박순길, 박정희, 박혜경, 배형근, 손세근, 송길원,
송태효, 심동보, 윤영호, 이대우, 이두환, 이인욱, 이인자, 이재욱,
이형준, 이화섭, 정병길, 조항수, 홍성민(존칭, 직함 생략)

제2부 이모작의 풍경

어제보다 내일을 살자   24
제2의 인생, 글쓰기로 시작하라   27
소통지수(CQ)를 높여라   30
행복은 자신이 찾고 누리는 것   33
삶은 길고 할 일은 많다   36
5060세대여 고개 숙이지 마라   39
이젠 아빠를 부탁해   42
베이비붐과 이모작 붐   45
페이스북 친구   48
많이 듣고 적게 말하자   51
인생이모작, 배우자와 함께 하라   54
CEO도 인생이모작을 준비해야 한다   57

홀로서기를 연습하라   61

때를 기다리지 말고 찾아 나서라   65

이타심이 답이다   68

리딩Reading 즐기기   71

시행착오를 거듭하라   74

매력 있는 사람   77

여성 인재를 키워라   80

1인 미디어를 활용하라   85

가치관이 먼저다   88

측은지심 의 인생이모작   91

네거티브 시스템   94

완벽함보다 유연함을 택하라   97

가슴이 두근거린다면   100

마이웨이   103

제3부 마음먹기 달렸다

5060세대여 일어나라   108

마이웨이My Way   111

인생이모작은 자신감이 우선이다   114

베이비부머들이여, 스마트기기로 무장하라   117

베이비부머와 인생이모작   120

꾸준함이 이긴다   123

스마트 에이징Smart Aging   126

약점을 말하지 말라   129

다시 꿈을 꾸는 인생이모작   132

현명하게 나이 들기   135

스마트세상, 들어가 보지 않으면 모른다   139

과거를 묻지 마세요   142

인간관계를 중시하라   145

변화의 중심에 우뚝 서라   148

자신을 당당하게 표현하라   151

느리게 더 느리게   154

60대의 변신 157

내 나이가 어때서 160

과거는 잊어라 163

행복지수를 높여라 166

인생이모작, 긴장감을 즐겨라 169

절제의 유익 172

직장도 학교다 175

성공은 과정이다 178

골든타임 181

느리게 살자 184

제4부 이모작 인생, 창직이 답이다

시니어가 스마트smart하게 살아가기 188

고령화 문제는 고령자들이 풀어야 191

고령화와 저출산 문제는 대가족이 답이다 194

평생직장과 꿈의 직업은 없다 197

내:일my job은 내가 만든다 200

갈매기의 꿈 203

소셜 홍보 전문가가 필요하다 206

내 안에 잠든 브랜드를 깨워라 209

인생 스토리가 브랜드다 212

인적자원을 되살리자 215

내:일과 나의 브랜드 218

디테일을 습관화하라 221

인생이모작, 새로운 일을 만들라 224

이모작이지만 그래도 돈이다? 228

일 근육 231

일자리 만들 수 있다 234

물건을 팔기 전에 먼저 마음을 사라 237

취미에서 브랜드를 찾는다 240

창직에 전념하라 243

이모작에도 길은 있다 246

이모작을 위해 남겨둔 〈가지 않은 길〉   249

평생교육과 이모작   252

창직으로 이모작하라   255

직업 속에 직업 있다   258

투잡two jobs   261

뒤집어 보기   264

인생이모작 코디네이터   267

퇴직은 없다, 창직이다   270

멀리 가려면 함께 가라   273

잡 마인드   276

제5부 맥아더스쿨, 코칭의 마력

나이는 숫자에 불과하다   280

인생이모작을 준비하라   283

인생이모작, 사람을 구하라   286

5070세대여 5070세대여, 입을 닫지 말라   289

행복한 인생이모작   292

평생학습, 몸으로 배운다   295

스타일부터 바꿔보자   300

배움은 계속되어야 한다   303

돈보다 배움의 기회를 택하라   306

이제 요리를 하자   309

사람을 통해 배운다   312

나눔의 비밀   316

의심하지 말라   319

창의성은 질문으로부터 나온다   322

튀어야 산다   325

러빙 유Loving You   328

잠재력 끌어내기   331

맥아더스쿨의 작은 혁명   334

코칭을 통해 자신감을 얻다   337

제1부
맥아더스쿨 코칭
네트워크

✳✳ 고정욱 작가 문학박사

고정욱 박사는 필자의 글쓰기 멘토이면서 동시에 필자로부터 수시로 코칭을 받고 있다. 필자는 수년 전 강남에서 열리는 권성현 대표의 독서MBA에서 그를 처음 만났다.

태어난 후 얼마 되지 않았을 때 소아마비를 앓아 두 다리를 전혀 쓰지 못하는 그는 자신의 장애를 뛰어넘어 지금까지 250권의 책을 썼고 대통령상을 비롯하여 수많은 상을 받은 문학박사이다.

어머니 등에 업혀 12년 개근을 했다는 그는 집념의 사나이다. 결혼해서 슬하에 아들 하나 딸 둘을 두고 알콩달콩 살면서 한 달에 40회 정도의 강연을 다녀 멀쩡한 두 다리를 가진 필자를 부끄럽게 한다.

처음 그를 만났을 때 그도 스마트폰을 잘 사용할 줄 모르고 페이스북을 비롯한 SNS를 활용할 줄 몰랐다. 하지만 지금은 페이스북을 통해 그의 활동을 알리고 가끔 번개 모임도 열며 재미있게 생활하고 있다.

필자가 인생이모작 일대일 코칭을 위한 일을 시작할 때 '맥아더스쿨'이란 이름을 짓는 네이밍에 결정적인 역할을 하기도 했다.

✳✳ 고제순 흙처럼 흙집학교 교장

고제순 교장은 독일에서 공부한 석학이지만 뜻하는 바 있어 흙으로 집을 짓는 〈흙처럼 흙집학교〉를 운영하며 많은 사람들에게 도움을 주고 있다. 최근 힐링 스테이도 오픈하여 건강에 어려움을 호소하는 사람들로부터 사랑을 받고 있다.

✳✳ 김봉선 웃음 강사

김봉선 씨는 코레일 직원이며 웃음 강사로 맹활약하고 있다. 맥아더스쿨에서 코칭을 받고 퍼스널 브랜딩 코치로도 큰 역할을 하고 있다.

✳✳ 김영미 전문 마케터

전문 마케터인 김영미 씨는 경단녀(經斷女)의 장벽을 훌륭하게 뛰어넘으며 멋지게 일하고 있다. 이상적인 워킹맘의 모델이 되기에 충분하다.

✳✳ 김용대 지혜로운학교 상임운영위원

김용대 운영위원 앞에서는 나이가 무색하다. 70대이면서도 호기심을 갖고 스마트 세상에 적응할 뿐만 아니라 다양한 툴을 활용하여 지혜로운 학교를 잘 운영하고 있다. 특히 넘치는 추진력이 돋보인다.

✳✳ 김재화 유머작가

유머작가 김재화는 언론학 박사이며 스피치 전문가이고 책을 50권이나 펴낸 작가다. 스포츠조선에 〈에로비안 나이트〉를 14년 연재한 것으로도 유명하며 여러 학교에서 수많은 개그맨들을 지도한 경험도 갖고 있다.

그는 필자의 코칭을 받은 후 지금은 아이폰을 프로젝트에 연결해서 노트북 없이 강연을 한다. 스마트폰과 SNS를 자유자재로 활용하고 있다. 오즈 메일러를 사용해 매주 2회씩 6천 명 이상에게 뉴스레터를 보낸다.

뉴스레터에는 합정동 칼럼을 연재하여 호응을 얻고 있으며 그의 글을 읽고 이메일로 감사의 답을 많이 받고 있다.

2년 반 전에 필자가 처음 그를 만났을 때는 아직 스마트 세상에 적응하지 못하고 있었지만 새로운 변화의 물결을 감지하고 열심히 노력한 결과 이제는 아주 전문가가 되었다. 그를 만나고 나서 처음 6개월 동안 그가 얼마나 끈질기게 필자로부터 스마트 도구를 배우려고 했는지 새삼 그의 열정에 박수를 보낸다.

필자는 그를 필자의 스피치 멘토로 모시고 대중 강연이 있을 때마다 수시로 그의 도움을 얻기도 한다. 워낙 말솜씨가 뛰어나고 유머스럽고 경험이 풍부하여 지금도 그로부터 많이 배우고 있다.

그는 이제 아이무비로 동영상도 직접 제작하는 수준에까지 이르렀다. 사실 코칭을 하면서 그에게 도움을 주었지만 필자도 그로부터 많이 배웠다.

원래 마당발이라 그의 지인들을 만나면 항상 필자에게 그들을 소개해서 많은 분들을 알게 된 것도 큰 소득이었다. 그 중 일부는 맥아더스쿨 코칭을 받으러 오는 분들도 있었다.

필자로부터 코칭 수업을 받는 사람들 중에서 스피치와 글쓰기를 원하는 분들에게는 당연히 그에게 코칭을 받으라고 권하기도 했다. 이것이 협업이다.

✳✳ 김정은 여행작가

슈퍼우먼이 따로 없다. 김정은 여행작가는 전업 주부의 역할과 여행작가라는 두 마리 토끼를 훌륭하게 잡아내고 있다. 최근 오지 랖통신을 오픈하고 그동안 쌓아왔던 아줌마 수다의 진수를 보여 주고 있다.

✳✳ 김준호 1인1책 대표

김준호 대표는 170권 이상의 책을 기획한 출판기획사를 운영하고 있다. 아날로그에서 스마트로 빠르게 변신하여 1인1책이라는 확실한 브랜드를 구축하고 뉴스레터를 정기적으로 발행하는 등 활발하게 활동하고 있다.

✳✳ 민수영 설아씨농장 대표

제주 서귀포로 시집가서 농사짓고 아이 키우는 전천후 온오프라인 마케터이다. 제주뿐 아니라 서울을 비롯한 전국을 날아다니는 슈퍼우먼이다.

✳✳ 박보영 토론학교 교장

박보영 박사는 '집중토론'이라는 분야를 국내 최초로 연구하고 초등학교 현장에서 임상실험까지 마친 토론 전문가다. 우리나라 미래교육에 올바른 토론문화를 접목하면 선진국으로 도약할 수 있다고 강조한다.

✦✦ 박순길 모바일쿠킹스쿨 교장

박순길 교장은 요리 연구가다. 50대 이상 남성들을 대상으로 스마트폰 동영상을 이용한 강습으로 요리를 가르쳐 주는 일을 하고 있다.

✦✦ 박정희 부동산·창업 전문가

박정희 대표는 부동산 전문가이며 창업 전문가이다. 40대 초반의 나이에도 불구하고 일찌감치 사업 마인드로 무장하여 누구보다 통찰력이 돋보이는 사업가 기질을 갖고 있다.

✦✦ 박혜경 화백

박혜경 화백은 화가로서 멋진 그림도 그리지만 자주 여행도 즐기는 낭만파다. 코칭으로 배운 페이스북을 통해서 자신의 그림 세계와 여행기를 널리 알려 많은 팬을 확보하고 있다.

✦✦ 배형근 마중물스쿨 교장

27년 경력의 중국 비즈니스 전문가인 배형근 마중물스쿨 교장은 특히 폐기물 처리에 대한 그의 풍부한 지식과 경험으로 한국과 중국의 비즈니스맨들에게 소문이 나 있다.

그는 마중물스쿨을 오픈하고 본격적으로 CEO들을 코칭하고 있다. 퍼스널브랜딩 코치가 된 것이다.

✦✦ 손세근 식품안전상생협회 사무총장

손세근 사무총장은 식품안전상생협회에서 일하고 있다. CJ그룹에서 임원으로 근무했던 풍부한 경험을 토대로 인생이모작 칼럼을 쓰며 퍼스널브랜딩 코치로도 활약하고 있다.

✦✦ 송길원 하이패밀리 대표

송길원 대표는 필자와 함께 스마트 도구를 이용해 선한 영향력을 끼치려는 노력을 하고 있다. 특히 지난해 연말 세월호 이후 침체된 사회 분위기를 다시 한 번 깨우기 위해 행가래 캠페인을 펼치고 있다. 행가래는 '행복한 가정의 내일을 위하여'라는 의미다.

✦✦ 송태효 어린왕자 인문학당 교수

송태효 교수는 어린왕자를 새로 번역하고 어린왕자를 주제로 한 인문학 강의로 널리 알려져 있다. 원문에 충실한 어린왕자 번역서를 내고 수시로 어린왕자 강연과 모임을 갖는 등 많은 활약을 하고 있다. 어린왕자 외에도 많은 인문학 활동을 하고 있다.

✦✦ 심동보 실전리더십센터 대표

심동보 제독은 현역 시절부터 〈실전 리더십 10계명〉을 비롯하여 자신의 전공분야에 대한 글을 꾸준히 써왔다. 지금은 그의 전문성을 살려 워드프레스 홈페이지에 국가 안보와 안전에 대한 글을 쓰고 있으며 페이스북과 트위터에 그의 팬과 팔로워가 꽤 많다.

세월호 참사 때는 50회 이상 방송에 출연하여 그의 통찰력을 보여 주었으며, 지금도 전문가로서 방송 출연과 글쓰기를 통해 활발하게 활약하고 있다.

❋ 윤영호 행복열쇠꾸러미

행복열쇠꾸러미를 운영하는 윤영호 씨는 필자의 ROTC 동기다. 그는 대학교 다닐 때 학교방송부원으로 활약했고 독서광이며 글을 무척 잘 쓴다.

수년 전부터 페이스북 페이지를 통해 윤영호의 행복열쇠꾸러미를 운영하며 손글씨와 통찰력 있는 글을 쓰고 있는데 게시물이 올라갈 때마다 국내외 수천 명이 그의 글을 읽고 공감하며 공유한다.

그의 글과 손글씨가 이미 상당한 분량에 이르러 조만간 그의 책을 보게 될 것이다.

❋ 이대우 크루즈여행사 대표

이대우 대표가 운영하는 크루즈여행사에서는 다양한 테마의 크루즈 여행 상품을 개발하여 본격적인 크루즈 여행 시대를 맞는 우리나라 사람들에게 크게 각광을 받고 있다.

❋ 이두환 도시농부

도시농부도 새로운 직업이라고 할 수 있겠다. 이두환 씨의 작품을 서울과 수도권 곳곳에서 볼 수 있다. 앞으로 도시농부의 눈부신 활약이 기대된다. 도시농부는 그린 시티를 위해 반드시 필요한 직업이다.

✳✳ 이인욱 돈키호테스쿨 총장

한국은행과 금융감독원에서 30년을 근무했던 정통 금융관료 출신인 이인욱 총장은 자신이 운영하는 돈키호테스쿨이라는 이름에 딱 어울리는 사람이다. 한식 요리사이기도 한 그는 자신이 고민하고 좌충우돌하며 겪은 소중한 인생이모작 경험을 친구와 후배들에게 아낌없이 나눠 주고 있다. 최근 돈키호테를 만나기 위해 세르반테스의 고향 스페인을 다녀왔으며, 주기적으로 남자들의 요리교실 이벤트를 개최하고 있다.

✳✳ 이인자 경기대 명예교수

시각디자인이 전공인 이인자 경기대 명예교수는 은퇴한 지 10년이 넘었지만 열정이 대단하다. 열정뿐 아니라 돋보이는 리더십으로 여러 방면에서 많은 일을 거뜬히 해내고 있다.

매일매일 사진 한 장과 몇 줄의 글을 카톡이나 부다톡을 통해 불교계 여성 지도자들과 지인들에게 전하여 영향력을 펼치고 있다.

특히 사진을 잘 찍어서 거기에 글씨를 넣어 보내면 받는 분들이 매우 좋아한다고 한다. 당찬 인생이모작을 하고 있다.

✳✳ 이재욱 새로운사람들 대표

이재욱 대표가 운영하는 새로운사람들은 500권 이상의 책을 펴낸 대단한 출판사다. 영리보다는 작가를 위한 그의 배려가 특히 눈에 띈다. 그래서 그런지 주변에 사람이 많다.

✳ 이형준 동국대 안전요원

70대인 이형준 씨는 동국대 안전요원으로 근무한다. 틈틈이 학생들과의 재미있는 사연을 공개하고 가끔 시도 쓰는 낭만파다. 학생들에게 먼저 인사하기로 유명한 그의 순수함은 많은 사람들로부터 존경을 받고 있다.

✳ 이화섭 방송전문가

KBS 보도본부장을 역임한 이화섭 씨는 자신이 실제로 겪은 경험을 중심으로 방송 이야기를 글로 쓰고 대학에서 강의도 하고 있다. 그의 강연과 글에 열광하는 팬이 많다.

✳ 정병길 아이패드 화가

아이패드로 그림을 그리는 화가, 정병길 씨는 국내 최초의 아이패드 화가로서 그림도 판매하고 코칭도 하고 문화상품도 개발하여 보급하고 있다. 지난 2년 간 8차례 개인전과 한 차례 그룹전도 열었다. 미디어에도 많이 소개되어 많은 사람들이 관심을 갖고 그를 찾고 있다.

✳ 조항수 시너지온 대표

조항수 대표는 글로벌 기업을 국내에 연계하는 비즈니스를 하

고 있다. 수년 전에 개발한 800개 음식 사이트 엠쿠킹을 활용하여
모바일쿠킹스쿨을 오픈하는 데 결정적으로 기여했다.

✹✹ 홍성만 길동요양병원 원장

홍성만 원장은 호기심 천국이다. 댄스스포츠 강사이기도 한 그
는 몇 년 전 뇌출혈로 어려움을 겪었으나 댄스 테라피로 재활하는
강한 의지를 보여주었다. 스마트 도구를 활용하여 주민들의 취미
생활과 강동지역 문화 발전에 크게 기여하고 있다.

제2부
이모작의 풍경

어제보다 내일을 살자

5060세대는 아직도 청년이다

5060세대가 되면 자연스럽게 미래보다는 과거에 대한 생각을 많이 하게 된다. 오늘의 나 자신이 존재하는 것은 당연히 과거의 히스토리history가 있기 때문이지만, 차츰 나이가 들면서 내일보다는 과거의 틀에 갇혀 사는 사람들이 눈에 띈다.

이것도 오랜 습관으로 인해 자신도 모르는 사이에 과거지향형 인간으로 변해 버린 것이다.

이제부터는 미래지향적인 인간으로 살아가면 어떨까?

맥아더 장군이 인천상륙작전을 할 때 그의 나이 70세였다고 하니 모두들 놀란다. 그에 비하면 오늘의 5060세대는 아직 청년에 불과하다. 그렇게 생각하려고 해도 몸이 말을 듣지 않는다고 하지만 전문 의사들의 말을 들어보면 지금 나이에 70%를 곱해야

1950~60년대의 나이가 된다고 하니 5060세대는 아직 30대 후반이나 40대 초반에 해당한다.

직장을 은퇴하고 자녀들이 하나둘씩 짝을 지어 슬하를 떠나면 이제 인생을 마감할 때가 되었다고 생각하던 시절이 있었다. 하지만 지금은 다르다.

지금까지 가족을 부양하느라 회사 인간으로 일만 하고 살았다면 이제는 나와 이웃을 위해 남은 생을 사는 것이다. 돈을 벌기 위해 일을 하는 것은 노동에 해당하지만 가치 있는 무언가를 이루기 위해 일을 하는 것은 즐거움이 된다.

아직도 생각할 수 있고 움직일 수 있고 누군가에게 도움이 된다고 하면 자다가도 벌떡 일어날 수 있는 것이 인간이다. 결국 한마디로 말하면 가치 추구를 먼저 생각해야 한다는 뜻이다. 나이 50세를 넘어 60세가 다 되었다고 넋 놓고 앉아 있으면 어느 누가 고운 시선으로 봐줄까?

맥아더스쿨과 함께 떠나는 미래여행

내일을 사는 사람들은 특징이 있다. 배움을 중단하지 않는다는 것이다. 그야말로 평생교육이라고 하겠다. 나이가 들면서 스스로 자원하는 배움은 학창시절 어쩔 수 없이 했던 공부와는 전혀 다른 즐거움을 동반한다.

모르는 것과 새로운 것을 묻고 또 물으면서 스스로 배우고 익혀 주변에 있는 지인들에게 알려주고 가르쳐주고 도와주는 즐거움은 경험해보지 않고는 맛볼 수 없다.

맥아더스쿨은 지식을 전달하는 학교가 아니다. 삶의 성찰을 서로 나누며 스스로 자기 정체성을 찾고 퍼스널 브랜드personal brand를 만들어 나가는 학교다. 배우고 가르치고 학습하고 익히는 열린 학교다.

맥아더스쿨은 5060세대에게 과거보다는 미래를 바라보며 살아가자는 메시지를 던지고자 하는 것이다.

조금 느리면 어떤가?

천천히 아주 느리지만 멈추지 않고 한 걸음씩 한 걸음씩 앞을 향해 함께 손잡고 나아가자는 말이다. 벌써 어르신들 중에 100세를 바라보는 분들이 많아졌다. 100세시대가 이미 우리 곁에 왔다는 증거다. 5060세대는 100세를 기준으로 본다면 아직 적어도 40년 이상은 살 수 있다는 뜻이다.

인생 제2막을 그냥 소일하면서 사는 것과 하루하루 미래를 생각하며 일하는 즐거움으로 사는 것은 분명히 다르다. 젊은이들보다 비교적 시간이 자유롭고 경제적으로도 스트레스를 덜 받을 수 있기 때문에 즐거움도 배가될 수 있다.

생각을 바꾸면 미래가 보이고 미래가 보이면 사는 것이 즐겁다. 맥아더스쿨과 함께 미래 여행을 떠나 보지 않겠는가?

제2의 인생, 글쓰기로 시작하라

블로그에 글을 올려보자

최근 제2인생을 새롭게 시작하는 5060세대가 많아졌다. 세컨드 라이프second life는 지금까지 전혀 해보지 않았던 일을 하고 살아보지 않았던 삶을 살아보는 독특하고 호기심 많은 기회를 제공한다.

무슨 일을 하건 자신이 하고 싶은 일을 하는 것이 좋다. 하고 싶은 일을 해야 일에 대한 기대감이 높아지고 즐거움이 배가된다. 여기에 더하여 글쓰기를 시작하라.

특별한 경우가 아니면 산업화 시대를 살아온 5060세대들은 대부분 글쓰기를 할 기회가 거의 없었다. 오로지 톱니바퀴 돌아가듯 주어진 일을 해왔을 뿐이다. 그런데 지금은 퍼스널 브랜드personal brand 시대다. 이 시대는 자신을 당당히 나타내는 것을 요구한다.

자신감 있게 자신을 나타낼 수 있는 방법으로 글쓰기는 아주 좋은 수단이다. 책을 읽고 생각을 하고 거기에 경험을 녹여 차분하게 글로 담아내는 것이다. 지금까지 살아 온 과거를 정리하고 다가올 새로운 세상을 기대하면서 글쓰기를 하다 보면 자신의 정체성identity을 찾게 되고 자신만의 브랜드를 만들어 갈 수 있다.

블로그를 만들어 규칙적으로 자신이 쓴 글을 올려보는 것도 글을 쓰기 시작하는 좋은 방법이다.

남의 시선이나 평가를 두려워하지 말고 주변에 글쓰기를 지도하는 친구나 지인들을 글쓰기 멘토mentor로 삼아 지속적으로 배우면서 글쓰기를 하면 금상첨화錦上添花다.

남은 인생을 가치 있는 글쓰기로

세상에 살면서 뭔가를 남기겠다는 생각보다는 자신의 삶을 자신이 정리하고 살아간다는 생각으로 진솔하게 글을 쓴다면 그 글을 읽는 사람들에게 뭔가 도움이 될 수 있다. 나를 위해 글을 쓴다기보다 이 글이 누군가에게 도움이 되었으면 하는 생각으로 글을 쓴다면 글쓰기도 즐겁고 보람이 생긴다.

처음 글쓰기를 시작할 때부터 이런 마음가짐을 가지면 여러모로 도움이 된다. 사실 이런 글쓰기가 5060세대에는 익숙하지 않다. 미국에서는 아주 어릴 때부터 학교에서 에세이essay 쓰기를 기본으로 가르친다. 요즘 우리나라에도 이런 글쓰기는 여러 곳에서 시도되고 있지만 교과과정에 뿌리를 더 깊이 내려야 한다. 글쓰기도 당연히 어릴 때부터 해야 자연스럽다.

인생 60이면 회갑이라고 한다. 회갑回甲은 육십갑자의 갑甲으로 되돌아온다는 뜻이다. 회갑 즈음의 제2의 인생은 지금까지 살아온 인생길을 참고하여 다시 새로운 인생을 출발하는 것이다. 하지만 인생길은 결코 동일한 길을 반복할 수도 없고 반복할 까닭도 없으므로 새로운 길을 걸어가자는 것이다.

글쓰기를 어릴 때부터 해온 사람들도 많지만 나이 들어 글쓰기를 시작한 사람들도 꽤 많다. 결국 언제 시작하느냐 하는 것보다 어떤 마음으로 어떻게 글쓰기를 하느냐가 더 중요하다는 뜻이다. 나의 목적을 달성하기 위한 글쓰기가 아니라 누군가에게 도움을 주려는 글쓰기가 더욱 귀하고 가치 있다.

가치 있게 남은 삶을 살아가기 위해 가치 있는 글쓰기로 시작해 보면 어떨까?

소통지수(CQ)를 높여라

관계를 개선해야 소통이 된다

지금은 소통이 가장 절실한 시대다.

그러므로 소통지수(Communi-cation Quotient), 즉 CQ가 높은 사람이 어디서나 환영 받는다.

아이러니하게도 통신이 인류 역사 이래 가장 발달했음에도 불구하고 오히려 소통을 방해하는 요소들이 많아져서 소통이 잘 안된다고 이구동성으로 한탄하고 있다.

개인과 개인, 가정, 사회, 기업, 국가, 그리고 국가 상호간에도 가장 어려운 것이 바로 소통이다.

소통을 원활히 해보려고 엄청나게 노력하지만 여전히 소통은 우리 시대의 무거운 과제로 남아있다.

도대체 왜 소통이 이렇게 어려울까?

무엇이 소통을 이토록 어렵게 하고 있는가?

과연 멋진 소통을 위한 좋은 방법은 없는가?

소통은 사람과의 관계에 초점을 맞춰야 한다. 관계개선이 이루어지지 않으면 바람직한 소통은 불가능하다. 개인주의가 팽배하고 모든 일을 아전인수 격으로 해석하기에 급급하다 보면 상대방의 얘기를 듣고자 하는 배려는 눈곱만큼도 찾아보기 힘들다.

인간은 어느 정도 성장하고 나면 듣고 싶어 하는 말만 듣기 때문에 상대에 따라 듣기 스위치를 꺼버리면 아무리 얘기해봐야 그 말이 귀에 들려올 리가 없다. 진심으로 상대방의 존재가치를 인정하고 겸손한 자세로 듣고자 할 때 상대방이 어떤 서툰 말이나 행동을 해도 알아듣게 되는 것이다.

그러므로 진정한 소통은 경청에서 나오며 경청은 배려에서 출발한다고 보면 틀림이 없다.

판단하지 않으면 소통이 쉬워진다

또한 원활한 소통을 위해서는 판단을 하지 말아야 한다. 우리는 아주 어릴 때부터 누군가의 말을 듣고 쉽게 판단해 버리는 아주 나쁜 습성을 갖고 있다. 이것은 1등만 기억하는 그런 교육 시스템의 결과라고 해도 과언이 아니다.

상대방의 말이나 행동을 있는 그대로 접수해야 하는데 판단부터 하려고 들기 때문에 상대방이 먼저 알아차리고 나면 그때부터 소통은 물 건너간다. 판단하게 되면 먼저 인간의 자기방어본능이 나타나고 서로를 헐뜯으며 누가 옳고 그른지를 가리는 것으로 치닫게 된다.

판단은 소통을 방해하는 독약이다.

소통은 참 어렵다. 하지만 아주 쉬울 수도 있다. 일보다 관계에 초점을 맞추고 상대방을 이해하면서 판단하지 않으면 의외로 쉽게 다가갈 수도 있다.

소통을 위한 도구가 엄청나게 쏟아져 나오고 있다. SNS도 그 중의 일부다. 하지만 아무리 좋은 도구라도 잘못 사용하면 흉기로 변한다. 말과 글도 얼마든지 올바로 사용할 수 있는데 그렇지 못하면 사람을 죽이기까지 한다.

개인이든 기업이든 국가든 모두 소통하기 위해 많은 노력을 기울인다. 그러나 정작 소통을 위한 본질을 파악하지 못하면 헛수고에 그칠 뿐이다.

소통은 지금 내가 시작해야 한다.

어제까지의 낡은 방식을 버리고 새로운 시도를 해보자. 소통, 알고 보면 쉬운 것이다. 당장 해보자.

행복은 자신이 찾고 누리는 것

행복은 존재 자체에 있다

국민행복시대는 박근혜 대통령의 취임사 핵심 키워드다. 박근혜 정부는 국민을 행복하게 해 주겠다고 약속하며 출범했다.

지금 우리나라는 온통 행복과 복지로 떠들썩하다. 하지만 유감스럽게도 행복은 정부나 대통령이 가져다주지 못한다.

이제부터라도 행복하게 해 주겠다는 약속은 더 이상 하지 않았으면 좋겠다.

지난 MB정부는 경제성장을 외치며 압승을 거두고 시작했지만 아쉽게도 국민은 지금 그 어느 때보다 어려운 경제를 경험하고 있다.

그나마도 경제는 그럴 수 있다고 하겠지만 행복은 결코 그럴 수 없다. 왜냐하면 행복은 인간이 추구하는 가장 기본적인 욕구이지만 사람마다 행복의 기준이 다르기 때문이다. 어느 것이 행복의 기준이라고 단정할 수 없다는 말이다.

세월이 훌쩍 흘러 5년이 지난 다음 행복하냐고 묻는다면 과연 몇 사람이나 나는 이전보다 행복하다고 하겠는가? 답은 뻔하다. 행복은 현재형이다.

필자는 지금 행복하지 않으면 영원히 행복하지 못할 것이라고 주장한다. 행복은 소유에 있지 않고 존재 자체에 있다는 사실을 왜 자꾸 잊는가? 지금 살아 있음에 행복을 느끼지 못하면 무엇으로 행복을 이루려 하는가?

미래에 어떤 일을 성취했을 때 행복할 거라고 믿는다면 과연 목표를 성취한 다음 그 행복이 영원히 지속될 수 있을까?

그렇지 못하다.

지금은 묻지 않지만 필자도 전에는 웃음 강연을 다니면서 행복하냐고 청중들에게 물어본 적이 있다. 하지만 즉시 "나는 행복해요"라고 대답하는 사람은 극소수였다.

맡은 일에 최선을 다하면 행복은 찾아온다

행복하기 위한 방법은 아주 간단하다. 지속적으로 목표를 초과 달성하거나 아니면 기대치를 낮추면 된다. 우리에게는 기대치가 너무 높다는 게 항상 문제다.

국제사회에서 우리의 행복지수가 모든 국가들 중 100위 안에도 들지 못하는 것은 바로 기대치가 너무 높기 때문이다.

수년 전 최빈국 방글라데시의 수도 다카에 의료봉사를 간 적이 있다. 남한보다 조금 넓은 면적에 1억 5천만 인구가 사는데 그들의 생활은 비참했다.

하지만 한 끼를 해결하고 나면 그들은 만족한다. 물론 종교적인 영향도 있겠지만 기대치가 낮기 때문이다. 이렇게 기대치가 너무 낮은 것도 문제지만 우리처럼 너무 높은 것도 큰 문제다.

헨리 데이비드 소로우라는 작가는 이런 말을 했다.

"행복이란 나비와 같아서 쫓아갈수록 피해서 달아나지만 다른 일에 열중하고 있으면 다가와서 어깨에 부드럽게 내려앉는다."

공감하는 글이다. 행복을 가져다주겠다고 정치인들이 말하면 일단 표를 얻기 위한 거짓말이라고 생각해야 한다. 물론 정치를 잘하면 지금보다 삶이 조금 나아질 수는 있다. 하지만 궁극적인 행복은 스스로 찾고 누리는 것이다.

군이 남들과 비교하지 않으면서 정직하고 성실하게 자신의 정체성을 깨닫고 묵묵히 일하다 보면 행복은 어느새 우리 어깨 위에 사뿐히 내려앉게 될 것이다.

행복하게 해 주겠다고 하지 말고 맡은 일에 최선을 다하다 보면 기대한 것보다 더 좋은 결과를 가져오게 되며 행복도 덤으로 누리게 된다.

삶은 길고 할 일은 많다

방황하는 5060세대

현재 우리나라 인구 5천만 중 베이비부머baby boomer(1955~1963)가 700만이고 60대 이상이 500만이 넘는다고 하니 대략 5060세대는 1천만 명쯤 될 것이다. 무려 전체의 20%에 해당하는 숫자다.

여기에다 해마다 5060세대에 진입하는 숫자가 점점 늘어나고 평균수명까지 계속 늘고 있으니 앞으로 국가적으로 5060세대의 위상과 영향은 더욱 커질 전망이다.

그런데 지금 우리의 5060세대는 큰 위기에 직면해 있다.

고속성장이 멈추고 글로벌 경제위기가 장기화되면서 직장에서 퇴직하고 나면 도대체 뭘 해야 할지 몰라 방황하고 있는 것이다. 멘붕에 빠지거나 자살하는 경우도 늘어나고 있다. 이것은 개인이나 사회뿐 아니라 국가적으로도 큰 이슈가 되고 있다.

최근 서울대 송호근 교수가 그의 저서 『그들은 소리 내 울지 않는다』에서 지적했듯이 국민소득 50달러 시대에서 출발해 20,000달러 시대까지 압축성장의 소용돌이 한가운데서 앞만 바라보고 죽기 살기로 일한 후 퇴직했지만 남은 세월 동안 무엇을 해야 할지 전혀 갈피를 잡지 못하고 있다.

일찍 퇴직은 했고 아직 노령연금 대상자는 아니며 일을 더 해보려고 해도 받아줄 직장이 없어서 하는 수 없이 자영업자가 된다. 하지만 평생 직장생활만 해본 경험으로는 거의 성공할 가능성이 없다. 지리적 위치가 괜찮다 싶으면 살인적인 건물 임차료와 인건비로 인해 투자원금도 회수하기 힘든 상황으로 치닫게 된다. 보통 심각한 상황이 아니다.

생각을 바꾸고 비즈니스 코치로 거듭나라

이런 문제는 국가도 당장 어떤 대책을 쉽사리 내놓지 못한다. 결국 5060세대는 자신이 먼저 생각을 바꾸어야 한다. 무분별하게 창업을 하기보다 오히려 그동안의 직장 경험을 살려 비즈니스코치로 나서는 것이 훨씬 바람직하다.

비즈니스코치는 가족이나 친척이나 친구 등 가까운 지인들의 비즈니스 홍보를 돕는 방법이다. 요즈음 등장한 SNS를 활용한 소셜마케팅을 배우고 익혀서 비즈니스에 적용하면 비교적 비용을 적게 들이고 홍보 효과를 극대화할 수 있다.

소셜마케팅이라고 해서 대단히 어려운 것이 아니다. 비즈니스 본질을 이해하고 많은 사람들에게 비즈니스를 알리는 소셜홍보코치가 되자는 것이다. 직장생활을 오래 했다면 이런 일은 누구나 할 수 있다.

소셜홍보코치는 지금까지 없었던 전혀 새로운 개념의 직업이다. 이런 일은 나이 어린 3040세대는 하기 힘들다. 그 이유는 경륜을 통한 휴먼네트워크가 뒷받침이 되어야 하기 때문이다.

5060세대에 벌써 앞이 보이지 않는다고 하며 비즈니스 일선에서 물러나 있는 사람들이 많다. 그럴 필요가 없다. 아직 젊고 힘이 있으며 무엇보다 오랜 직장과 사업 경험을 통해 얻은 통찰력과 판단력도 가지고 있지 않은가?

5060세대여, 다시 힘을 내라. 맥아더 사령관은 1950년 9월 15일 인천상륙작전을 할 때 그의 나이가 자그마치 70세였다. 5060세대는 그에 비하면 아직 어린 나이이다.

이제 다시 팔을 걷어붙이고 힘차게 다시 도전하자.

5060세대여 고개 숙이지 마라

백세시대 도래는 필연

　세상이 이렇게 변해 버린 것은 5060세대의 탓이 아니다. 30년 전에 비하면 세상이 달라져도 너무 달라졌기 때문이다. 1970년대만 해도 60세 수명을 넘기지 못한 사람들이 아주 많았다.

　필자의 두 백부님도 한 분은 50세가 못 되어, 또 한 분은 60세가 못 되어 타계하셨다.

　그런데 지금은 환갑잔치를 열지 못하고 쉬쉬하며 부부가 여행이나 다녀오는 형국이다. 주변으로부터 가끔씩 부고를 받고 문상하면 100세를 넘기신 분들이 있다.

　바야흐로 백세시대인 것이다. 의술의 발달과 영양섭취의 향상으로 평균수명이 늘어난 것이 어디 5060세대의 잘못인가? 그렇지 않다. 그러므로 5060세대는 당당하게 고개를 들어야 한다.

어디 그뿐인가? 산업화 시대와 민주화 시대를 지나면서 살기가 조금 나아지긴 했지만 어느덧 한강의 기적이라 불리는 고도성장의 시대는 막을 내리고 지금은 저성장과 글로벌 경기침체의 상황이 펼쳐지고 있다.

당연히 이것 또한 5060세대의 잘못이라고 하기 어렵다.

그런데 세상은 이미 백세시대로 접어들었고 경제 환경도 달라졌건만 아직도 옛 생각에 젖어있는 5060세대가 많다.

그 이유는 변화에 대한 적응력을 키우지 못하고 그저 바라보고만 있기 때문이다.

고령화와 저성장 기조의 출현이 갑자기 찾아온 것은 아니다. 적어도 20년 전부터 예고되어 온 사실이었지만 고도 압축성장의 달콤함에 빠져 우리 모두가 애써 외면하고 살아 왔기 때문이다.

"내 나이가 어때서?"라고 당당히 외쳐라

그래서일까? 그 어느 시대보다 복지와 국민행복을 위한 국가적인 대책으로 부산하다.

하지만 다른 건 몰라도 5060세대의 마음을 움직여 긍정의 마인드를 갖게 하며 고개를 들고 세상으로 힘차게 나오게 하는 일은 그 누구도 대신해 줄 수 없다.

존 그레이John Gray의 『화성에서 온 남자, 금성에서 온 여자』라는 책을 보면, 남자는 스트레스를 받으면 동굴로 들어가고 여자는 이야기를 한다고 했다.

평생 다니던 직장을 떠나 매년 수십만 명이 가정으로 돌아온다. 그러면 남자들은 그때부터 스스로 기가 죽어 숨죽이며 산다.

5060세대 남자들이여, 동굴로 들어가지 말고 다시 세상으로 나오라. 삶은 길고 세상에 할 일은 많다.

사소한 일이라도 뭔가 할 일이 있으면 행복도 따라온다.

세상은 벌써 변해 버렸다. 이런 세상을 행복하게 사느냐 아니냐는 자신의 선택에 달려 있다. 자녀들과 손자들이 지켜보고 있다. 지금 5060세대가 어떤 선택을 하고 어떻게 세상을 살아가느냐에 따라 그들도 그들의 앞날을 예측할 수 있다.

지나간 세월은 결코 다시 돌아오지 않는다. 젊음도 마찬가지다. 하지만 아직 5060세대에게는 열정이 남아 있다.

2005년 황안나 여사는 65세에 전남 땅끝마을에서 출발하여 강원도 통일전망대까지 무려 800Km를 혼자서 걸어간 후 『내 나이가 어때서』란 책을 냈다. 황 여사 외에도 얼마든지 우리 주변에서 이런 분들의 사례를 찾을 수 있다.

문제는 마음가짐이다. 문제는 내가 어떤 안경을 쓰고 세상을 바라보느냐 하는 것이다. 5060세대여, 지금 고개를 들라.

이젠 아빠를 부탁해

설 곳을 잃은 남성들

남성우월주의와 산업화의 뒤안길에서 고통 받던 이 땅의 엄마들에게 관심을 가져야 한다고 했던 시절은 가고 이제는 아빠를 부탁해야 할 때가 되었다. 더 이상 힘으로 일을 하지 않고 머리로 일을 하는 정보화시대, 스마트시대를 맞아 이제는 여성보다 남성들이 설 자리를 잃고 있다.

특히 세계경제가 침체기를 맞고 평균수명도 크게 늘어나면서 50대 초에 벌써 일모작 인생을 마치고 이모작을 시작해야 하는 남자들이 무엇을 어떻게 해야 할지 갈피를 잡지 못한 채 오늘도 방황하고 있다.

지금이야말로 가족과 사회, 그리고 나라가 이 땅의 아빠들에게 관심을 쏟아야 할 때다. 단순히 이들을 위한 복지예산을 늘리는 것보다 실질적인 관심과 배려가 더 시급하다.

1970년대와 80년대에는 지금 이런 시절이 올 줄은 일부 미래학자들을 제외하면 누구도 예측하지 못했다. 그때는 인생을 일모작으로 마칠 것이라고 생각했다.

하지만 지금은 다르다. 그런데 아빠들은 이렇게 변해버린 세상에 적응하지 못하고 일모작 직장생활을 마친 후 거리와 산 그리고 낚시터에서 방황하고 있다. 무엇을 어떻게 해야 할지 도무지 갈피를 잡지 못한 채 우왕좌왕하고 있다.

배우자도 이런 아빠들을 이해하지 못하고 은근히 또는 노골적으로 스트레스를 주는 경우가 많다. 적어도 내 남편은 그런 사람이 아닌데 왜 이렇게 무력한지 모르겠다고 한탄한다.

자식들과의 대화도 끊어지고 소득도 별로 없어 친구들과의 모임에도 나가기를 꺼린다. 이래저래 홀로 있는 시간이 많아지고 급기야 알코올 중독이나 우울증에 빠져 버리기도 한다.

아빠가 바로 서야 가정과 나라가 선다

우선 아빠들은 이 모든 일들이 자신의 잘못 때문이 아니라고 생각해야 한다. 세상이 바뀌었을 뿐이다.

너무 오랫동안 틀에 박힌 직장생활을 하다 보니 바깥세상을 알지 못해 적응력이 없어서 그렇다.

자신감을 회복하는 것이 급선무다. 배우자와 가족들도 아빠들이 인생이모작을 시작할 수 있도록 배려하고 격려해야 한다.

이모작은 일모작과는 다르다. 이모작에 적응하고 정착하려면 시간이 필요하다. 답답하겠지만 인고의 시간이 반드시 있어야 한다. 아빠 자신은 물론 가족도 인내심을 갖고 기다려야 한다. 지금까지 몸에 밴 매너리즘에서 빠져 나오려면 상당한 노력과 시간이 필요하다. 이 점을 간과하지 말아야 한다.

고령화 문제는 이제 아빠들이 스스로 해결해야 한다. 고령화 문제를 자녀들에게 떠넘길 수는 없다.

아빠들이 이모작에 성공하면 자연스레 고령화 문제도 해소되고 나라 경제도 활력을 되찾게 될 것이다.

일모작을 시작하기 위해 얼마나 공부하고 노력했는지 지금은 까마득히 잊었겠지만 이모작은 일모작 못지않게 준비가 필요하다. 그래서 평생학습이 반드시 필요하다.

그래도 희망이 있는 것은 어린 시절 공부는 점수를 따기 위한 공부였지만 나이 들어 하는 공부는 절실해서 하는 것이기 때문에 목적이 뚜렷하다.

이모작을 이루기 위해서는 절실함, 능력, 의지가 반드시 뒤따라야 한다. 이젠 아빠를 부탁할 때다.

아빠가 다시 서야 가정과 나라도 바로 선다.

베이비붐과 이모작 붐

인생은 한 번뿐만이 아니다

우리나라 베이비붐 세대는 1955년부터 1963년까지 출생한 714만 명이라고 한다.

이들이 40대를 지나 이제 50대 이상이 되었다.

수명이 늘어나 어차피 인생이모작을 시작해야 한다면 1950년대 베이비붐baby boom이 일어났던 것처럼 2010년대에 이모작 붐도 필요하지 않을까?

일모작을 마감하고 지금부터는 이제까지 전혀 경험하지 못했던 새로운 세계인 이모작 시대를 열어보자는 말이다.

베이비붐 시대에는 부모들이 애를 썼다면 이모작은 당사자들이 힘을 써야 한다.

한 번뿐인 인생이란 말은 이제 바뀌어야 한다. 왜냐하면 이모작을 시작하면서 두 번째 인생을 경험하기 때문이다.

인생이모작에 대한 찬반 논란은 앞으로도 계속될 것이다.

하지만 이런 건설적인 논란은 보다 적극적인 자세로 받아들여야 한다. 과연 언제부터 어떻게 이모작을 시작할 것인가를 두고 개인, 가정, 사회, 그리고 국가가 폭넓게 공감대를 형성해야 한다.

행복시대를 열고 복지를 말하면서 이모작에 대한 얘기가 빠져 버리면 알맹이 없는 탁상공론이 되어 버린다.

얼마든지 대화하고 토론하고 장단점을 논하면서 발전적인 방향으로 뜻을 모아 나가야 한다.

더구나 이런 이모작에 자녀들도 동참하여 생생하게 이런 논쟁과 결론을 배우고 익혀야 한다. 그래야 시간이 흘러 지금의 자녀들이 나이가 들어도 그들 역시 이와 유사한 이슈들을 풀어나갈 능력이 배양된다.

베이비부머들이여, 이모작으로 거듭나라

시대를 탓하거나 자신을 탓하고 있을 여유가 없다. 이런 환경이 베이비부머 자신들의 탓도 아닌데 스스로 그렇게 치부해 버리고 일찌감치 뒷짐을 지는 사람들이 늘어나고 있다.

뭔가 돌파구를 찾아야 하는데 마땅히 앞이 보이지 않으니 자포자기(自暴自棄)하기도 한다.

그럴 필요가 없다. 이모작은 지금까지 해왔던 일모작과는 다르게 새로 시작하는 것이다. 학교 다닐 때 전공이 아니라고 주저할 필요도 없다. 겨우 몇 년 동안 공부해서 일모작 내내 써먹었다면 이모작에서는 지금까지의 지식과 경험, 게다가 인적 네트워크까지 활용해서 제대로 인생의 꽃을 피울 때가 온 것이다.

호기심의 끈을 놓지 않으면 새로운 경험의 세계가 펼쳐진다.

베이비붐은 이미 과거의 일이지만 이모작은 현재와 미래의 꿈과 비전이다. 자신감만으로도 충분히 시작할 수 있다. 아주 작은 일부터라도 한 가지씩 차근차근 해 나가면 된다. 이런 분위기가 서서히 감지되고 있다.

베이비부머들에게 물어보면 십중팔구 힘이 남아 있는 한 일하고 싶다고 한다. 절실함과 능력이 있고 삶에 대한 태도만 바르게 가진다면 얼마든지 해낼 수 있다.

이모작을 하면서 지금까지 해 보지 않은 일이라고 머뭇거리지 마라. 일모작 때는 지금보다 훨씬 막막한 가운데서도 열심히 일해 왔음을 벌써 잊어버려서 그렇다. 일모작이 조직과 가정을 위한 일이었다면 이모작은 진정 자신을 위한 새로운 도전이다.

되면 하는 것이 아니라 하면 되는 것이다.

페이스북 친구

페이스북은 가장 안전한 SNS

　수년 전 SNS의 대표주자인 페이스북이 국내에 보급되면서 온라인상에서의 친구에 대한 개념이 크게 달라졌다.

　하지만 스마트 시대에 익숙지 못한 사람들에게는 아직도 왠지 낯설기만 하다. 어디까지나 오프라인 친구와는 다른 개념의 친구 관계를 생각해야 한다.

　심지어 페이스북을 비즈니스 도구로 활용하는 사람들에게 친구란 자신의 브랜드를 알리고 확산하는 데 도움을 줄 수 있는 아주 유익한 인적 네트워크가 된다.

　페이스북 친구를 인적 네트워크로 인식한다면 한 사람 한 사람을 소중하게 생각하면서 친구 관계를 만들고 유지하고 발전해 나가는 것이 바람직하다.

전혀 알지 못하는 사람이 친구 요청을 해 온다고 과민반응을 보이거나 자신의 신분이 노출되는 것을 꺼려하는 분들이 많다. 그러면서도 자신의 브랜드와 비즈니스를 많이 알리고 싶어 하는 모순이 생기고 있다.

당연히 페이스북에는 프라이버시를 지킬 수 있는 안전장치가 있음에도 불구하고 이를 알지 못해서 그렇다. 여러 가지 SNS 도구들 중 그나마 페이스북이 가장 안전하다고 평가하는 이유는 프로필 사진과 정보를 공개하고 실명을 사용하기 때문이다.

트위터가 비즈니스에 크게 활용되지 못하는 원인은 아바타 계정이 많기 때문이다.

새로운 만남을 선사하는 페이스북

페이스북을 사용하기 전 친구의 범위는 그저 오프라인으로 만나는 친구에 그쳤다면 페이스북 친구는 공간을 뛰어넘어 소통하는 폭넓은 친구 사이가 된다. 지구 반대편에 사는 친구와도 언제든 소통할 수 있는 그런 사이가 되는 것이다.

게다가 아직 한 번도 대면하여 만난 적이 없지만 이미 온라인으로 소통을 하다가 만나기라도 하면 그렇게 반가울 수가 없다.

필자는 요즘 종종 강연장에서 페이스북 친구를 만난다. 길거리에서도 만나고 포럼에서도 만난다. 때로는 페이스북 메신저를 사용하여 만남을 요청하기도 한다.

새로운 만남의 즐거움을 연일 만끽하고 있다.

새로운 만남과 새로운 친구 관계는 물론 비즈니스로 연결되기도 한다. 언제나 무엇인가 도움을 주려는 자세를 가진다면 도움을 주기도 하지만 오히려 도움을 받는 경우가 더 많다.

하지만 새로운 친구를 무차별로 많이 사귀기 위해 친구 요청을 남발하는 사람들도 많다. 친구가 많으면 좋긴 하지만 교류가 없는 친구는 아무리 많아도 무용지물이다.

꾸준히 조금씩 다양한 친구를 사귀면서 한 사람 한 사람을 소중하게 여기는 열린 자세가 중요하다.

오늘도 새로운 친구를 페이스북이라는 통로를 통해 만날 것을 기대하면서 설레는 마음으로 페이스북을 연다.

많이 듣고 적게 말하자

나이 들면 점점 말이 많아져

LTMM(Less Talk More Music)이라는 말이 있다. 라디오 방송에서 말은 적게 하고 음악을 많이 들려준다는 의미다.

LTML(Less Talk More Listen), 적게 말하고 많이 듣자는 말도 있다. 인생이모작을 시작하는 시니어들에게 꼭 필요한 말이다.

젊은이들보다 세상을 조금 더 오래 살다 보면 자신도 모르게 말이 많아지고 길어진다. 게다가 같은 말을 반복하기 일쑤다.

그래서 모임에 나가 보면 나이가 들수록 마이크를 들고 앞에 서면 사회자가 불안해한다. 도중에 말을 막을 수도 없어 난감해지는 불편한 장면이 자주 발생한다.

말이 많아지는 것은 조급해서 그렇다. 그리고 다른 사람의 말을 듣지 않고 자기 말만 해서 그렇다. 특히 미래를 말하지 않고 과거에 대해 많이 말하다 보니 습관이 되어 그렇다.

말이 많으면 듣는 사람들이 공통적으로 싫어한다. 배우자가 싫어하고 젊은이들이 싫어한다. 그런데 사람들이 싫어한다는 사실을 본인만 유독 모른다. 그래서 더욱 말이 많아진다.

평소에 조용하던 사람이 음주라도 하면 둑이 터지고 폭포수가 쏟아져 내리듯 수많은 말을 쏟아낸다.

당사자는 즐겁게 하는 말이라도 듣는 사람들에겐 유익하지 못하고 거슬리는 경우가 대부분이다.

현명하게 나이 들려면 말을 적게 해야

어떻게 하면 말을 적게 할 수 있을까?

먼저 상대방을 존중하는 자세가 필요하다. 진심으로 상대방의 말을 경청하면 내가 말할 시간이 줄어든다.

말을 천천히 하는 것도 좋은 방법이다. 조급하면 말이 빨라진다. 빠르게 말을 해서 좋은 점은 별로 없다.

말을 적게 하려면 많이 웃는 것도 좋은 방법이다. 상대방이 말을 할 때 얼굴에 크게 웃음을 띠고 진심을 담아 쳐다보며 고개를 끄덕이며 웃어보라. 놀라운 일이 생길 것이다. 그 웃음을 통해 상대방과 진심 어린 교감을 나누게 되고 신뢰가 쌓이게 된다.

많이 읽고, 많이 듣고, 많이 느끼고, 많이 웃고, 적게 말하자. 과거를 접어두고 미래에 대해 이야기하자. 무척 어렵다. 하지만 가능하다. 이것도 습관이 되어야 한다.

　말을 많이 해야 남들이 좋아할 것 같지만 현실은 정반대다. 잘 들어주는 사람을 다들 좋아한다. 어렵지 않다. 직장과 사회 경험이 많으면 많을수록 말을 적게 하면 얻게 되는 실익이 훨씬 많다.

　말을 적게 하면 환영받지만 말을 많이 하면 실수가 많아지고 사람들이 싫어한다. 스마트 시대가 되면서 사람들의 참을성이 사라져간다. 그래서 진득하게 상대방의 말을 끝까지 들어주는 사람을 찾기 힘들어졌다. 그래서 말을 더욱 아껴야 한다.

인생이모작, 배우자와 함께 하라

더 불안해하는 배우자

인생이모작을 시작하는 데 있어서 가장 현실적인 걸림돌은 배우자의 이해부족일 수 있다. 그러므로 먼저 배우자에게 솔직히 터놓고 이해를 구하고 협조를 얻는 것이 바람직하다.

특히 남성의 경우가 더 그렇다. 오랫동안 다니던 직장을 그만둘 때 배우자의 반응은 천차만별이다.

얼마 전 W은행 퇴직예정자를 대상으로 강의를 하면서 강의 도중 설문조사를 해 보았는데 상당수의 응답자는 배우자가 퇴직 후 하루 속히 재취업을 원한다고 했다.

재취업을 하기 싫어서 하지 않는 은퇴자가 어디 있으랴? 이렇게 본인보다 배우자가 더 불안해한다는 것이다.

남편의 정년이 되도록 전업주부였던 배우자일수록 더 불안해하면서 남편의 재취업을 간절히 바란다고 한다. 아무튼 평생 함께 살아온 배우자와 어떻게 슬기롭게 함께 인생이모작을 시작할 것인지 긴밀하게 서로 대화하며 방법을 찾아야 한다.

하지만 현실은 그렇지 못하여 은퇴하는 사람이 혼자서 끙끙대며 해결책을 찾으려고 애써 보지만 지금처럼 경기가 좋지 않을 때는 젊은이들도 취업하기 어려운 마당에 은퇴자들을 위한 일자리는 더욱 없다.

그래서 우울증이나 불면증에 쉽게 빠져 들기도 한다.

배우자와 함께 다시 시작하자

지금까지 배우자와 상의 없이 일모작을 해 왔던 사람들도 이제는 상황이 달라졌음을 인식하고 배우자와 함께 앞으로 어떻게 살아갈 것인지 서로 의논하며 방법을 찾아야 한다.

세상이 달라진 것도 모르고 옛날 생각만 하며 지내다 막상 은퇴하고 나면 서로 의가 상해 황혼이혼이 생겨나는 것이다.

그래서 인생이모작에 대한 준비도 미리미리 해야 한다.

배우자와 가족에게 충격도 줄여주고 함께 어려운 이모작을 헤쳐 나가기 위해 서로 마음을 터놓고 얘기하는 소통이 부부로부터 출발되어야 한다.

매월 수많은 퇴직자들이 쏟아져 나온다.

대기업이나 금융 기관 및 관공서들은 앞 다투어 퇴직자들을 위한 outplacement 프로그램을 준비하고 배우자까지 초청하여 현실을 인식시키고자 노력하고 있다.

하지만 중견기업 이하 중소기업들은 이런 예산조차 마련하지 못해 전전긍긍하고 있다. 그렇다면 정부나 회사에 의존할 것이 아니라 스스로 배우자와 미리 상의하고 방법을 찾아가는 지혜가 반드시 필요하다.

남은 평생 생사고락을 함께 해야 할 배우자와 의기투합이 된다면 무슨 일이든 못하겠는가? 이제 다시 시작이다. 배우자와 함께 새롭게 출발해보자.

CEO도 인생이모작을 준비해야 한다

CEO라서 더 부실해지기 쉬운 이모작 준비

자신이 직접 일군 비즈니스가 아니라면 CEO도 당연히 인생이모작을 미리 준비해야 한다. 그런데 이모작을 생각지도 못하다가 갑자기 퇴직하고 당황해 하는 CEO를 종종 보게 된다.

조직의 일원으로 있을 때는 최고경영자인 CEO가 되기 위해 모든 에너지와 열정을 쏟아 부었지만 막상 CEO가 되고 나면 그 자리에 머무는 기간이 생각보다 그리 오래지 않기 때문에 미리 준비를 해야 하는 것이다.

특히 한 직장에서 평생을 근무한 CEO들이 은퇴 이후 인생이모작을 시작하지 못하고 방황하는 경우가 더 많다. 왜냐하면 그동안 너무 그 직장에 맞춰 일을 했기 때문에 다른 일을 하기에는 적응력과 융통성이 떨어지기 십상이다.

평소 작은 일이라도 직접 해보는 습관을 가졌으면 그나마 새로운 일을 시작할 수 있지만 비서나 스텝들이 많은 직장일수록 모든 일을 조직의 시스템이 해왔기 때문에 새삼 몸을 움직여 뭔가를 해보려고 해도 서툴기만 한 것이다.

그렇기 때문에 인생이모작을 아주 자연스럽게 시작하려면 젊을 때부터 무슨 일이든 직접 해보는 습관을 가지는 것이 중요하다.

후배들과 직원들을 유능하게 훈련하기 위해 권한이양delegation을 해야 하지만 그 가운데서도 얼마든지 마음만 먹으면 직접 할 수 있는 일이 많다. 그런데 손끝 하나 까딱하지 않고 시키기만 하다 나중에는 아무 것도 스스로 할 수 없게 되어 버린다.

커피를 직접 타서 마시거나 문서를 직접 작성해 보는 것도 좋고 이메일이나 팩스를 직접 주고받거나 사진을 찍고 블로그를 만들어 글을 써보는 것도 좋은 방법이다.

특히 요즘은 스마트폰을 비롯한 스마트 도구들이 물밀 듯 쏟아져 나오는데 이런 도구들의 사용법도 제대로 익혀 두면 나중에 크게 도움이 된다.

적응력이 높은 사람이 리더가 된다

지금 시대는 적응력이 높은 사람이 리더로서 역할을 할 수 있다. 지금 CEO가 하고 있는 일은 두말할 필요조차 없지만 세상이 어떻게 돌아가고 무슨 새로운 것들이 나왔는지 잘 살펴보고 적응력을 키워야 한다.

엄청난 속도로 변해가는 세상을 살면서 변화의 속도에 맞춰 어느 정도는 따라가는 혜안이 필요하다.

SNS와 같은 스마트 도구를 잘 활용하면 생산성을 크게 높일 수 있다. 웬만한 스마트 도구로 무장하면 손바닥 안에 비서 한 명이 있는 것과 같은 효과도 노릴 수 있다.

스마트폰에는 우리 삶과 비즈니스에 유용한 앱application들이 꽤 많다. 아는 만큼 보이는 스마트 도구들을 잘 활용하면 새로운 비즈니스 기회도 발견할 수 있다.

워낙 많은 사람들이 스마트폰을 사용하기 때문에 이에 따른 비즈니스가 계속해서 늘어나고 있다. 소위 부가가치 창출이 새로 생겨나기 때문이다.

시간이 없다는 이유로 아직 2G폰을 사용하거나 SNS에는 입문도 하지 못한 CEO는 오늘 당장 스마트폰을 구입하고 SNS에 도전하기를 권한다.

스마트폰으로 들여다보는 세상은 지금까지 우리가 보아왔던 모든 세상이 손바닥 안에 들어왔다는 것을 실감하게 만든다.

100세 시대가 되면서 누구나 평생학습을 하는 평생학생이 되어버렸다. 배우고 익히지 않으면 뒷방으로 밀려나버리는 상황이 예외 없이 누구에게나 벌어진다.

이런 외부환경이 닥치기 전에 CEO가 스스로 열심히 배우고 익혀야 한다. 동시에 CEO와 함께 일하는 모든 직원들에게도 세상을 지혜롭게 살아가는 모습을 선배로서 보여줘야 한다. 그래야 그들이 더 존경하고 따르게 된다.

미래는 준비하는 사람의 몫이다. 세상에 공짜는 없다. 더 이상 미루지 말고 인생이모작을 위해 지금 시작하자.

할 수 있을 때 당장 시작하자.

당장 스마트폰으로 바꾸고 SNS를 익히자. 자신의 미래를 위해 미리 필요한 모든 도구로 무장하자. 이런 무기를 사용해 활짝 열려 있는 세상과 소통하자.

오프라인에서 사귄 사람뿐 아니라 온라인으로 많은 사람들과도 사귀며 휴먼네트워킹의 지경을 넓혀 나가자. 이런 일들이 인생이모작에서 하나씩 도움이 될 것이다.

CEO들이여, 당장 준비하고 지금 시작하자. 인생이모작은 누가 나대신 해 주지 않는다. 바로 내가 해야 한다.

홀로서기를 연습하라

군중 속의 고독

사람은 늘 고독한 존재다. 군중 속에 파묻혀 살고 있지만 태어나서 죽을 때까지 혼자만의 세계에서 살다 가는 것이다.

혼자 있으면 외롭기 때문에 연애를 하고 친구를 사귀고 결혼도 하고 사람들 속에서 어우러져 살아가지만 정작 결정적인 순간에는 다시 혼자가 된다.

결혼해서 살다 보면 배우자와 헤어지기도 하고 어떤 이유로든 두 사람 중 하나가 먼저 세상을 떠나기도 한다. 열심히 공부해서 직장에 들어가지만 때가 되면 은퇴를 해야 한다.

수명이 길지 않았던 지난 30여 년 동안 우리나라에 산업화가 진행되었으며, 일단 직장에서 열심히 일만 하면 수입이 보장되고 은퇴하면 그것으로 인생을 마감할 수 있었다.

그런데 우리도 1997년 외환위기 이후 이 모든 상황이 달라졌다. 평생직장의 개념이 없어진 데다 수명도 급격히 늘어나 이제는 누구나 싫든 좋든 인생이모작을 해야 하는 것이다.

인생이모작을 시작하려면 무슨 일이든 혼자 할 수 있어야 한다. 이제까지 누군가가 도와주었다면 은퇴와 함께 옛 생각은 잊어버려야 한다. 큰일은 말할 것도 없고 아주 사소한 일까지 혼자 알아서 해야 한다.

그런데 이게 말처럼 쉽지 않다. 왜냐하면 해보지 않아서 너무나 서툴기 때문이다.

회사에 가면 여러 사람이 협업하여 일을 하고 집에 돌아오면 배우자와 가족이 돌봐주니 따로 할 일이 없었고 필요도 없었다. 모든 가족을 부양하는 수입원인 가장이고 보니 그동안은 때 맞춰 돈만 벌어오면 된다는 생각으로 살아 왔던 것이다.

그런데 이제 막상 은퇴를 하고 나면 사정이 달라진다. 수입원이 아니니 미안해서라도 가족에게 뭐라고 할 수도 없다. 매사가 너무 오랫동안 해본 적이 없어서 서툴기만 하다.

아내를 도와 줄 생각으로 크지 않은 냉장고에서 뭘 찾으려고 해도 제대로 찾지 못한다. 집안에 못질 하나도 간단치 않다. 형광등 갈아 끼우기도 어렵다. 이런 현상을 젊은이들은 '멘붕'이라고 한다.

그때부터 소심해진다. 매사에 겁이 난다. 가족의 눈치가 보인다. "나는 뭘 하나 제대로 할 줄 아는 게 없다"는 자괴감에 쉽사리 빠져든다. 우울증이나 공황장애가 이렇게 해서 시작되는 것이다.

홀로서기로 '멘붕'에서 벗어나야

이러한 문제는 어릴 적부터 부모가 잘못 가르쳤기 때문이다. 스스로 모든 일을 할 수 있도록 해야 하는데 만사를 접어두고 가서 공부나 하라고 다그쳤기 때문이다.

그렇게 자란 아이들이 성인이 되면 혼자 할 수 있는 일이 아무 것도 없다. 그래서 넉넉한 집안의 아이들이 나중에 어른이 되면 '멘붕'이 더 빨리 온다.

늦었지만 이제라도 모든 일을 직접 할 수 있도록 해야 한다. 사무실에서 커피도 직접 끓이고 문서도 손수 작성하고 가족을 위해 요리도 하고 설거지도 해보는 것이다. 작은 일부터 관심을 가지고 배우고 익혀 나가야 한다.

그렇게 하지 않으면 은퇴하고 나서 홀로서기를 할 수 없다.

홀로서기는 그리 쉽지 않다.

무슨 일이든 몸에 배려면 시간이 걸린다. 은퇴한 사람들을 만나 보면 비교적 직장에 다닐 때도 직접 손발을 사용해 일을 해본 사람이 빨리 사회에 적응하는 것을 볼 수 있다.

누구 다른 사람의 도움이 없이도 스스로 할 수 있다는 자신감이 있으면 홀로서기가 가능한데 그렇지 못하면 자꾸 위축된다.

누군가를 도와주는 봉사에 적극 나서는 것도 홀로서기를 위한 좋은 방법 중의 한 가지다. 팔을 걷어붙이고 무슨 일이든 도움이 되고자 손발을 부지런히 움직여 보는 것이다.

처음에는 어설프기 짝이 없겠지만 몇 번 반복하다 보면 이내 몸

에 익숙해진다. 소극적인 자세를 버리고 아주 적극적으로 봉사에
임하다 보면 홀로서는 데 크게 도움이 된다.

홀로서기는 어린아이의 걸음마

나이가 들면 아이가 된다는 말이 있다. 어린아이가 태어나 자라
면서 다리에 힘이 붙고 걸음마를 시작할 때를 기억해보라.

수없이 넘어지고 다시 일어나기를 반복하다 보면 어느새 아장
아장 걷지 않던가.

은퇴하고 나이 들어 홀로서기 하는 사람도 어린아이와 다를 바
없다. 수없이 넘어져도 언젠가는 홀로 일어설 수 있다고 믿으며
시도해야 한다.

홀로서기를 시작하면 호기심이 발동한다. 아이든 어른이든 호
기심 천국이 되면 삶이 즐거워진다. 직장에서 오래 몸담고 있다
보면 울타리 밖의 세상을 보지 못했는데, 호기심을 가지고 홀로서
기를 연습하다 보면 점점 세상이 보이기 시작한다.

이것이 바로 출발점이다.

인생이모작, 누구도 피해갈 수 없는 길이다. 그렇다면 아직 일
모작을 마치기 전이라도 홀로서기를 연습하라. 호기심을 가져라.
자신감을 키워라.

홀로서기가 이모작을 위한 귀중한 발판이 될 것임을 굳게 믿고
지금 시작하라.

때를 기다리지 말고 찾아 나서라

후회보다는 실수가 낫다

흔히 한 사람의 생애에 걸쳐 몇 번의 기회가 오는데 그 때를 잘 기다리고 있다가 찾아오면 놓치지 말아야 한다고들 한다.

하지만 이모작인생에서는 때를 기다리기보다 먼저 찾아 나서는 것이 낫다. 이는 적극적인 마인드를 갖고 다시 시작해 보자는 뜻으로 이해하면 된다.

엉거주춤하게 이러지도 저러지도 못하고 관망하는 태도는 더욱 자신을 위축되게 만든다. 이보다는 무엇이든 할 수 있다는 확신을 가지고 당당하게 나서는 것이 좋다.

물론 조급하여 일을 그르치는 것은 바람직하지 못하지만 해보고 실수하기보다 해보지도 않고 후회하는 경우는 더욱 안타깝다.

직장생활을 오래 하다 보면 독자적인 자기만의 브랜드를 찾기가 무척 힘들다.

그래서 혼자의 힘으로는 이모작을 시작하기 어렵다. 따라서 떳 떳하게 가족과 친구들, 그리고 주위의 지인들에게 과연 자신이 무엇을 하고 싶고 무엇을 잘하는지 속 시원하게 알려 그들의 도 움과 피드백을 받는 것이 훨씬 지혜로운 방법이 될 것이다.

더구나 지금처럼 비즈니스 상황이나 우리네 삶의 주위환경이 시시각각 변화하는 시대를 살면서 자기 혼자 생각하고 판단하여 방향을 정하는 것은 쉽지 않기 때문이다. 충분한 시간을 갖고 차 근차근 시작하면 때를 만날 수 있다.

때를 기다리는 자세는 기회를 포착할 능력이 충분해야 하는데 대체로 우리는 이런 능력개발에 관심을 두지 않았다. 그리고 그런 기회를 포착해서 잡아내기가 그리 간단치 않다.

가다가 중지해도 간만큼 배우게 된다

차라리 그것보다는 생각하는 바를 행동으로 먼저 옮기면 길이 열리고 활짝 열린 길로 한 걸음 두 걸음 내디디다 보면 다시 돌파 구가 보이게 된다.

염려와 걱정만 하다가는 아무 일도 하지 못하고 주저앉아 버릴 지도 모른다. 조금의 가능성만 보여도 일단 시작하는 것이 중요 하다. 가다가 중지하면 아니 감만 못한 게 아니다.

가다가 중지하면 간만큼 배우게 되고 또 다음 스텝에 도움이 된다. 이제 다시 시작할 때다.

긍정의 힘으로 주위를 살피며 때를 찾아보자. 곳곳에 기회가 우리를 기다리고 있다고 생각하며 찾아 나서자.

멀리만 바라볼 게 아니라 아주 가까운 주위에서부터 시작해보자. 아주 사소한 일에서 새로운 일자리를 만들어 보자.

정부가 얘기하는 창조경제가 별건가? 이제까지 없었던 새로운 일자리를 만들면 그게 바로 창조경제가 아니겠는가.

고령화시대는 새로운 기회를 우리에게 제공하고 있다. 스마트폰과 SNS도 전혀 새로운 스마트 세상을 우리에게 안겨주고 있다. 여기저기 산만한 마음을 모으고 결집하면 새로운 때를 반드시 만나게 될 것이다.

이타심이 답이다

인생이모작을 이타심으로 시작

사전에 보면, 자기의 이익보다 다른 사람의 이익을 더 꾀하는 것이 이타심(利他心)이라고 되어 있다. 인생이모작을 이타심으로 시작해 보는 것은 어떨까?

일본은 100세 이상 고령자가 5만 명을 이미 넘었고 우리나라도 지난해 1만 명이 되었다고 한다. 60세에 은퇴를 한다고 해도 앞으로 40년을 더 살아야 한다.

그런데 우리는 일모작에서 자신과 가족의 생계를 위해 모든 에너지를 쏟아 직장에 충성하며 살아왔다. 그 결과 지금까지는 그럭저럭 살아왔지만 남은 생을 계수해 보면 앞으로 무엇을 할 수 있을 것인가를 두고 답답해한다.

이모작은 우선 행복해야 한다.

행복하려면 무엇보다 하는 일에 보람이 뒤따라야 한다. 과연 인간에게 행복을 가져다주는 것이 무엇일까? 돈, 명예, 지위…이런 것일까? 아니다.

이런 것들보다 더 가치 있는 것이 있다. 그것은 바로 내가 아닌 남의 필요를 따라 도와주는 것이다. 그것도 무엇을 바라지 않는 순수한 도움이라야 한다.

무슨 이유가 필요 없다. 그저 나의 도움을 필요로 하는 사람에게 내가 나서서 도움을 주는 것이다. 그러면 마음속 깊은 곳으로부터 뜨거운 행복감이 밀려 올라오게 될 것이다.

100세 인생이 축복이 되려면

100살이면서도 지금도 매일 출근하는 일본의 후쿠이 후쿠타로 씨는 평범함 속에 강인함을 가지고 철저한 자기관리를 해 왔는데 그의 신념은 이타주의다.

참 놀라운 일이다. 그는 또 말한다.

"건강의 비결은 따로 없다. 그저 하루하루 충실하게 직장을 위해 그리고 이웃을 위해 일을 해온 것뿐이다."

가끔 100세까지 사는 것은 축복이 아니라고들 한다. 축복이냐 재앙이냐를 떠나 건강하면 나이에 상관없이 사는 것이다. 때가 되면 자연스레 흙으로 돌아가게 되어 있는 것이 인간이다. 이것을 누가 거스를 수 있는가?

이왕 시작한 인생이모작인데 이제 얼마나 더 행복하게 살 것인가를 생각해보자. 스트레스 받지 않고 마음 편히 살려면 배우자나 가족이나 이웃에게 조금이나마 도움이 되려고 애를 써보자.

존재감을 드러내자는 말이 아니라 베풀고 나누어 줄 힘과 능력이 있을 때 그렇게 해보자는 뜻이다.

100세까지 사느냐 마느냐가 중요한 것이 아니라 하루를 살아도 인간답게 살고 가치 있게 여생을 보내며 행복감에 젖어 살 수 있다면 당연히 그 길을 택해야 하지 않겠는가?

선진국에는 개발도상국이나 후진국보다 자원봉사자들이 많다는 것은 우연이 아니다. 그들은 이런 이타심을 갖고 있다.

리딩 Reading 즐기기

가치 있는 리딩의 습관

나이 들면서 책이든 잡지든 블로그든 뭔가 읽기에 몰두해 보면 좋은 점이 많다. 젊은 날에는 주로 전공서적 등 지식을 쌓기 위해 읽기를 했다면 이제는 지식보다는 지혜와 통찰력을 키우기 위해 읽기를 하는 것이다.

눈으로 읽을 수 있다는 것에 감사하고 리딩을 통해 자신을 다시 돌아보며 남을 조금이나마 이해하는 데 보탬이 된다면 얼마나 가치 있는 일일까?

하지만 리딩을 너무 많이 한 사람들 중에는 자신을 드러내려고만 애쓰는 사람들이 있다는 사실이 가끔 우리를 슬프게 하기도 한다. 정말 안쓰러울 때가 있다.

매주 참석하는 조찬포럼에서 유독 질의응답 시간만 되면 짧게 질문해 달라는 사회자의 간곡한 부탁이 있음에도 불구하고 장황하게 자신의 유식함을 드러내며 청중과 연사를 가르치려 드는 사람이 있다.

이런 습관은 모두가 다 아는데 자기 자신만 모르는가 보다. 참고 끝까지 듣고 있으려면 인내심을 키우기에는 좋지만 아까운 시간을 낭비한다는 생각이 들곤 한다.

그런 사람들은 타고난 똑똑함과 머리에만 가득한 지식으로 인해 자신을 스스로 깎아 내리게 된다. 이런 경우는 리딩이 약이 아니라 오히려 독이 된 케이스다.

이모작은 리딩을 즐길 절호의 기회

일모작에서 직장에 충성하느라 리딩에 소홀했다면 인생이모작에서는 리딩을 즐겨보는 것이 어떨까? 당연히 지금까지 리딩에 익숙지 않아서 처음에는 무척 서툴게 느껴질 것이다. 그래서 처음에는 아주 쉬운 것부터 시작하는 것이 좋다.

가볍게 읽을 수 있는 것에 익숙해지면 차츰 깊이 생각을 하게 하는 책이나 자료도 도전할 수 있다. 어린이 동화책을 먼저 읽어보는 것도 좋은 방법이다. 글자도 크고 분량도 많지 않아 쉽게 읽고 내용도 머리에 쏙쏙 들어온다.

요즘 유행하는, 말초신경을 자극하는 휘발성 있는 글보다는 선한 영향력을 끼치는 글을 골라 읽으면 더욱 좋다.

의무감으로 하는 리딩이 아니라 즐기면서 해보자. 머리로 읽지 말고 마음으로 읽어보자. 급하지 않게 천천히 시작해보자.

요즘 책이 팔리지 않아 출판사와 서점이 울상이다.

대형서점도 적자가 계속된다고 하니 이러다가 그나마 문을 닫으면 어떡하나 걱정이다.

경제의 선순환을 위해서라도 책을 읽고 사고 선물하자.

스마트 세상이 오면서 점점 사람들은 책으로부터 멀어지고 있다. 결국 선진국민이 되려면 깊은 사고력과 통찰력이 있어야 하는데 냄비에 죽 끓듯 하는 사회분위기에 편승해서 가볍게 살지 않으려면 리딩을 습관화해야 하지 않을까?

매력적인 리딩의 즐거움에 작심하고 한 번 빠져보자.

시행착오를 거듭하라

머리가 아닌 몸의 습관이 될 때까지

시행착오는 학습 원리 중의 하나로 학습자가 목표에 도달하는 확실한 방법을 모르는 채 본능, 습관 따위에 의하여 시행과 착오를 되풀이하다가 우연히 성공한 동작을 계속함으로써 점차 시간을 절약하여 목표에 도달할 수 있게 된다는 원리다.

인생이모작을 시작하는 베이비부머들의 특징은 무엇이든 머리로 기억하려 드는 것이다. 젊을 때와는 달리 이미 뇌세포가 많이 감소하여 웬만큼 노력해도 기억이 잘 나지 않는데 억지로 머릿속에 집어넣으려고 하니 힘이 들고 스트레스도 받게 된다.

그럴 필요가 없다. 머리가 아닌 몸에 습관이 될 때까지 반복하고 또 반복하면 언젠가는 자연스러워진다.

베이비부머들의 젊은 날은 부모나 스승으로부터 바르게 살아야 하고 시행착오를 하지 않거나 줄여야 한다고 귀에 못이 박히도록 듣고 배워왔다. 그러다 보니 이제 와서는 시행착오를 아예 하지 않으려고 매사 전전긍긍하게 되는 것이다.

하지만 지금껏 살아온 세월을 한 번 되돌아보라. 세상사가 그리 호락호락하지 않아 얼마나 많은 시행착오를 하며 살아왔던가.

물론 양심과 도덕이라는 거울에 비추어 잘못된 길을 가는 것은 곤란하지만 적어도 학습에 있어서는 시행착오를 당연하게 생각하고 거뜬히 그 과정을 거쳐야 비로소 충분히 배우고 익히는 단계까지 접어들게 된다.

시행과 착오를 반복하고 거듭하면서

유영만 교수는 곡선이 이긴다는 제목의 책을 통해 직선에서 겪어보지 못한 온갖 상황을 몸으로 직접 체득함으로써 진정한 깨달음의 경지에 이른다고 했다.

대체로 우리는 어릴 적부터 잘못된 교육 시스템으로 인해 이런 깨달음에 이르는 길이 멀거나 미처 다다르지도 못하고 끝나 버리는 우를 범하고 살아왔다.

일모작에서 그랬다면 이제 이모작에서만은 그러지 말아야 한다. 기꺼이 시행과 착오를 반복하고 거듭하면서 이런 과정이 우리에게 주는 교훈이 무엇인지 알아가는 것이 너무나 가치 있음은 두말하면 잔소리다.

이모작의 출발은 뭐니 뭐니 해도 평생학습이다.

배우고 익히는 것보다 흥미로운 것은 없다. 배우고 익히되 시행착오를 통해 깨달음까지 덤으로 얻게 된다면 우리의 남은 삶은 더욱 풍성해지고 나뿐 아니라 다른 사람의 삶에도 영향을 주며 보람도 느끼게 된다.

젊은 날의 학습이 깨달음보다는 무엇을 이루기 위한 목표에 함몰되었다면 이모작에서는 달라져야 하지 않을까. 이제 그 첫 발을 내디뎌야 한다.

실수하지 않으려 애쓰지 말고 한 번 해보고 안 되면 두 번 하고 그것도 안 되면 열 번이든 스무 번이든 반복하겠다는 마음가짐으로 꾸준히 학습한다면 이루지 못할 것이 없다.

매력 있는 사람

당신은 매력 있는 사람인가?

당신의 브랜드는 매력이 있는가?

매력이란 사람의 마음을 사로잡아 끄는 힘이라고 한다. 그래서 당신이나 당신의 브랜드는 사람들의 마음을 사로잡아 끄는 힘이 있는가? 정말 그런가? 혹시 혼자만 착각하고 있지 않은가?

태어날 때부터 매력 있는 사람이 있는가 하면 후천적으로 자신을 매력 있는 사람으로 바꾸며 살아가는 사람도 있다.

자신이 매력 있는 사람인지 아닌지 어떻게 알고, 어떻게 매력 있는 사람이 되며, 그 매력을 유지할 수 있는가?

인생이모작을 시작하는 사람은 이렇게 자신의 매력 지수를 점검해 봐야 한다.

사람은 사회적 동물이다. 우리나라 사람들은 특히 그렇다. 그래서 사람들 틈에 속해 있어야만 비로소 마음의 안정을 갖게 된다.

그런데 군중 속의 고독이라고 했던가? 무수한 사람들 속에서 고독을 곱씹는 사람들이 의외로 많다.

스마트폰을 활용하는 SNS는 핵심이 친구 맺기다. 친구를 맺고 끊고 서로 대화를 말과 글과 사진으로 교환한다.

그런데 친구 늘리는 일에는 열성을 다하면서도 정작 친구에게 매력 있는 사람으로 다가가는 일에는 소홀하다. 그래서 친구는 많은데 진솔한 대화를 나눌 친구가 턱없이 부족하다.

매력 있는 SNS 이미지 메이킹

SNS를 하면서도 낯을 가리는 사람이 많다.

얼굴을 드러내기 꺼려하고 글을 쓰기도 어려워한다. 그래서 눈팅이나 하고 지내면 매력 있는 사람이 되기가 쉽지 않다.

SNS로 소통하다가 오프라인에서 만날 기회를 계속 만들어 가는 사람이 있는가 하면 낯선 사람 만나기를 아주 어려워하는 사람도 있다.

인생이모작에서는 자기 자신이 브랜드다.

다양한 사람들과의 인적 네트워크를 통해 만나고 사귀고 서로의 매력을 나누면 어느새 비즈니스와도 연결이 된다. 그래서 무엇보다 매력 있는 이미지 메이킹에 신경을 써야 한다.

선천적이지 않더라도 얼마든지 매력 있는 사람이 될 수 있다.

자신을 낮추고 다른 사람을 진심으로 도와주면 호감 있는 사람으로 다가갈 수 있다.

얼굴을 꾸미고 마음을 가다듬는 것보다 누구든지 먼저 진솔하게 대하면 상대방으로부터 매력 있는 사람으로 받아들여진다.

주저하지 말고 내가 먼저 다가가 말을 건네고, 글을 쓸 때도 상대방의 관심이 무엇일까를 먼저 생각하며, 일상에서 만나는 한 사람 한 사람을 소중하게 배려하면 자연스럽게 매력 있는 사람으로 거듭날 수 있다.

이제 매력 있는 사람으로 다시 시작해 보면 어떨까?

여성 인재를 키워라

인생이모작은 여성들의 문제이기도 하다

우리나라 여성들의 잠재력은 대단하다.

하지만 아직도 우리 사회 곳곳에는 낡은 사고방식을 가진 사람들에 의해 여성의 경력 단절이 계속 일어나고 있다. 지금은 그래도 나은 편이라고 하지만 과거 베이비부머 여성들의 젊은 시절 사정은 어떠했겠는가?

직장을 다니다가도 결혼하거나 출산을 하면 당연히 퇴사를 해야 하는 것으로 굳어졌던 시절이 있었다.

필자가 직장생활을 처음 시작하던 80년대 초에 한 직장동료가 회사 대표에게 아내가 아이를 낳아서 병원에 가야한다고 보고하니 그 대표의 첫 마디가, "네가 애 낳았냐?"였다. 참 어처구니가 없는 말이어서 30년이 지난 지금도 기억이 생생하다.

그럼에도 불구하고 그런 상황을 헤쳐 나와 지금 비즈니스 일선에서 꿋꿋하게 기업을 경영하는 여성 지도자들이 있다.

하지만 그 시절의 대부분 여성들은 전업주부로 평생 남편과 자식 뒷바라지를 하고 살았다.

인생이모작은 남성들의 문제만은 아니다.

오히려 남성보다 평균 수명이 거의 10살이나 많은 여성들의 이모작에 대해서도 심각하게 고민해봐야 한다.

100세 시대가 되면서 특히 여성의 경우는 80대 심지어 90대가 되어도 아직 건강하게 무엇이든 할 수 있다. 하물며 50대부터 70대는 얼마든지 일을 할 수 있다.

여성의 인생이모작은 먼저 여성들의 인식부터 바뀌어야 한다. 지금까지 그래왔기 때문에 포기하고 살아서는 안 된다.

이미 세상이 바뀐 것을 정확하게 인식하고 남편과 자식들에게 기대지 않고 일하며 행복하게 살아가는 법을 터득해야 한다.

그렇게 하려면 지금까지 억눌려 왔던 "여자라서 안 된다"는 고정관념을 분연히 떨치고 편견에서 깨어나야 한다.

남성과 여성은 원래 다르다. 하지만 현대인의 일자리 차원에서 보면 그렇게 다른 것만도 아니다. 원시시대처럼 남성은 사냥을 하고 여성은 농사와 가사를 분담하던 시절은 이미 지났기 때문이다.

남성이 하던 일을 얼마든지 여성이 할 수 있고 여성이 해왔던 일도 남성이 하고 있다. 여성이 직업군인이 되기도 하고 남성이 간호사가 되어 일하는 시대다.

여성이 더 잘할 수 있는 일도 얼마든지 있다

나이 들어보면 육아는 여성이 잘할 수 있는 일 중의 하나다. 육아를 노동으로 보면 힘들지만 보람 있는 일자리로 생각을 바꾸면 얼마든지 즐기며 할 수 있다.

"육아가 얼마나 힘든 일인데 그러느냐?"고 할 수 있지만 누구보다 인생이모작 여성들의 육아는 축적된 경험과 모성애를 바탕으로 일품이 될 수밖에 없다.

십 수 년에 걸친 필자의 글로벌기업 근무 경험에 비춰볼 때 선진국에서는 여성 커리어우먼career woman이 아주 많다.

조금도 남성에 뒤지지 않고 일도 차분하게 잘하며 강단 있는 여성들을 많이 보았다. 체력은 국력이라 했던가.

여성 인력이 곧 국력이다.

고령화 저출산 문제는 여성 인재를 키움으로써 많은 부분 해결해 나갈 수 있다. 해결책은 남성과 여성이 모두 함께 생각의 프레임이 바뀌어야 한다는 것이다. 기본 틀만 바뀌고 나면 얼마든지 함께 극복해갈 수 있는 것이 바로 여성 인재 육성이다.

이제 다시 시작해보자. 잔뜩 움츠리고 있는 수많은 여성들이 가슴을 활짝 펴고 마음껏 일하며 행복감을 가질 수 있다.

일을 한다니까 어떻게 수입을 창출할 수 있느냐고 반문한다. 보람 있게 남을 돕는 봉사도 일이다. 그리고 일은 봉사로부터 시작하는 것이 가장 자연스럽다.

요즈음은 사회복지가 보편화되면서 여기저기 도움의 손길을 필요로 하는 곳이 많다. 평생 해보지 않은 바깥일을 해보려면 우선 두려움이 앞서지만 봉사부터 시작하면서 차츰 몸이 적응하면 훨씬 편하게 일을 시작할 수 있다.

바이럴 마케팅viral marketing, 다시 말해 입소문 마케팅은 남성보다 여성이 더 잘한다.

마케팅에서 바이럴 마케팅의 중요성을 재삼 강조하지 않아도 얼마나 부가가치가 높은지 미루어 짐작하고도 남지 않은가.

직장에서도 여성 인재를 키우자.

생각의 틀을 바꾸고 가족 같은 개념으로 접근하면 얼마든지 가능하다. 이제까지 안 된다고 했다면 될 수 있다는 긍정 마인드를 갖고 다시 시작해보자.

배우자 남편이 은퇴를 하고 보니 이제야 뭔가 해야겠다는 생각을 갖는 여성들이 많다. 아직 남편이 직장에 머물러 있을 때부터 시작해보자. 빠르면 빠를수록 적응력도 빨라진다.

여성도 퍼스널 브랜딩이 필요하다

퍼스널 브랜딩이 필요하다. 무엇보다 자신이 재미있고 보람 있으며 나중에 수입까지 보장된다면 금상첨화다.

그런 일을 찾아보자. 혼자서 끙끙대지 말고 부부가 함께 의논하며 찾아보는 것도 좋은 방법이며 친구들이 함께 만나 서로의 장점을 얘기하고 격려해주는 것도 좋다.

그렇지만 반드시 여럿이 모여야 뭔가를 할 수 있다는 생각이나 돈을 투자해야만 일을 할 수 있다는 개념은 접어두는 것이 좋다.

여럿이 모이면 처음에는 두려움도 덜 수 있고 외롭지도 않겠지만 지금까지 살아온 삶의 방식이 다르고 앞으로 하고 싶은 일도 서로 다르다 보면 의견충돌이 일어나 오래 가지 못 한다.

프로슈머prosumer가 되어 혼자서도 할 수 있는 일을 찾아보자.

가장 행복한 사람은 죽을 때까지 뭔가 일을 하는 사람이다.

육신의 편안함을 추구하다 보면 쉽게 '멘붕'에 빠지지만 그것보다는 정신적인 행복감을 가진다면 다소 육신이 고달파도 거뜬히 이겨낼 수 있다. 이것이 인간의 속성이다.

1인 미디어를 활용하라

매스미디어의 틀을 깨야 1인 미디어 활용 가능

스마트폰과 함께 1인 미디어 시대가 활짝 열렸다. 매스미디어가 주를 이루었던 과거에는 상상하지도 못할 일이다.

유튜브 동영상을 스스로 만들고 페이스북이나 카카오스토리를 통해 누구나 손쉽게 자신을 홍보한다. 1인 방송국을 만들어 많은 시청자를 확보하고 제약 없이 하고 싶은 말이나 행동을 보여준다. 게다가 비용이 거의 들지 않는다는 장점도 가지고 있다.

손에 들고 다니는 스마트폰을 통해 1인 미디어로 만들어진 모든 게시물을 지인들이나 불특정 다수에게 나눠준다.

이보다 쉬울 수는 없다.

1인 미디어는 특히 퍼스널 브랜딩을 위한 훌륭한 툴이다. 퍼스널 브랜드의 특징은 자기 자신을 브랜드화 하는 것인데 1인 미디어에 멋진 자신의 스토리를 입히면 절묘한 홍보 자료가 탄생된다.

하지만 아직 1인 미디어에 대해 잘 알지 못해서 그런지 활용이 저조한 편이다. 스마트폰과 1인 미디어를 가까이 두고서도 제대로 쓰지 못하고 내버려두는 실정이다.

손에는 첨단의 도구가 들려 있지만 머릿속에는 아직 매스미디어 시대의 틀을 깨지 못하고 있으니 안타깝다. 모르면 묻기라도 해야 하는데 이것조차 하지 않고 있다.

정규재TV의 경우

1인 미디어를 아주 잘 활용하는 사례로 한국경제 정규재TV를 들 수 있다. 물론 정규재 실장은 한경TV 김PD의 도움을 얻고 있지만 정규재TV를 시작한 지 2년 만에 이 미디어를 통해 유튜브에 올린 동영상을 본 사람이 1천만 조회 수를 넘었다고 한다.

대단한 수치다.

정규재TV의 파급효과가 이렇게 크다. 얼마 전 한국경제 사옥 마당에서 이벤트를 했는데 700석의 좌석이 꽉 찰 정도로 많은 사람들이 찾아왔다. 물론 대부분 정규재TV를 유튜브로 열심히 본 사람들이다. 이게 바로 1인 미디어다.

아무리 좋은 문명의 이기도 그냥 놔두면 나와 아무런 상관이 없다. 그러나 아주 작은 도구라도 내 것으로 만들고 활용하면 가치가 높아진다.

1인 미디어를 활용하려면 마음 자세부터 바꾸어야 한다.

무엇이든 스스로 할 수 있다는 생각으로 도전하면 누구나 얼마든지 할 수 있다.

인생이모작을 시작하며 퍼스널 브랜딩을 준비하는 사람들에게 1인 미디어는 꿈같은 툴tool이다. 배우고 익히며 차근차근 자신만의 브랜드를 만들어가는 데 이보다 더 좋은 도구는 없다.

아직 1인 미디어에 입문하지 않은 분들은 지금 당장 시작해보기를 권한다.

가치관이 먼저다

가치관이 서 있으면 인생이모작은 성공의 길

인생이모작을 시작하기 전 가치관부터 정립해야 한다.

도대체 왜 퍼스널 브랜드가 필요하며 스마트폰이나 SNS 도구들은 무슨 용도로 배우며 누구와 무엇을 위해 사용할 것인가?

수단이 목적을 뛰어넘으면 언제나 문제가 발생한다. 단지 돈을 벌기 위해 이런 것들은 준비한다면 하지 않음만 못할 수 있다.

먼저 목적이 분명한 가치를 발견해 보자. 그리고 이 가치관이 남은 인생을 통해 변질되고 바뀌지 않도록 꾸준히 노력해보자. 세상을 깜짝 놀라게 할 그 무엇은 아니더라도 뚜렷한 가치관이 서 있다면 이미 인생이모작은 성공의 길로 접어들었다고 보면 된다.

95세 고령의 김형석 연세대 명예교수는 강연을 통해 인간을 위한 사랑이 얼마나 중요한 가치인가를 강조했다.

세상에서 가장 가치 있는 것은 남을 사랑하고 위해서 나의 것을 기꺼이 내주는 것이다.

칼럼을 쓸 때마다 필자가 자주 하는 말이지만 이런 정신이 없었다면 오늘의 맥아더스쿨도 존재하지 않았을 것이다.

솔직히 처음에는 남들이 아직 잘 모르는 스마트폰과 SNS를 배우고 익혀 돈을 벌어보겠다는 마음도 있었다. 하지만 지난 4년 동안 약 170명에게 맨투맨 코칭을 하면서 필자가 먼저 가치 중심으로 생각이 변하고 이에 따라 행동이 달라졌다.

그 결과 엄청난 일이 벌어지고 있다.

가치관이 달라지면 모든 것이 바뀐다

꾸준히 방송이나 잡지 또는 신문에서 인터뷰나 출연을 제안해오는 것은 그들이 공통적으로 필자의 이러한 가치 중심을 눈치 챘기 때문일 것이다.

얼마 전 여행코치로 퍼스널 브랜딩을 만들어가고 있는 남기선 후배를 만났을 때 왜 그런 일을 하느냐, 무엇을 하려고 하느냐고 다짜고짜 질문을 던진 적이 있다.

얼마 후 그 후배는 필자에게 그 때의 질문을 통해 다시 한 번 가치관을 생각해 보는 좋은 기회가 되었다고 했다. 그래서 이제는 흔들림 없이 자기중심이 아닌 다른 사람에게 도움이 되려는 이타주의로 생각을 바꾸니 세상을 보는 눈이 달라졌다고 했다.

바로 이것이다. 가치관이 달라지면 모든 것이 바뀐다.

스마트폰과 SNS는 퍼스널 브랜드를 만들고 가꾸어 가는 데 필요한 도구다. 이보다 더 중요한 것은 왜 이런 브랜드가 필요하며 어떻게 할 것인가 하는 가치 중심으로 나아가야 한다는 사실이다.

50대 후반이나 60대 퇴직자가 아니라도 젊어서부터 이런 가치관을 먼저 가진다면 자연스럽게 퍼스널 브랜드를 만들어 갈 수 있다.

주객이 전도되지 않도록 언제나 가치를 먼저 생각하고 실행에 옮긴다면 틀림없이 좋은 결과를 가져오게 될 것이다.

역사학자이면서 철학자인 토인비처럼 먼 과거로부터 시작하여 먼 미래를 바라보는 안목이 키워진다면 가치관을 바탕으로 인생 이모작도 거뜬히 시작할 수 있다.

측은지심惻隱之心의 인생이모작

열심히 일한 당신, 격려 받아 마땅하다

고사성어 중 측은지심惻隱之心이 있다. 이는 남을 불쌍히 여기는 마음이다. 인간의 4대 본성인 인의예지仁義禮智 가운데 가장 첫 번째로 꼽는 것이다.

일모작을 졸업하고 이모작 학교에 입학하는 사람에게 가장 필요한 덕목은 바로 측은지심이다. 무엇보다 본인은 물론 가장 가까운 배우자와 가족이 가져야 할 마음이다.

청춘을 바쳐 이제까지 열심히 일했다면 가족으로부터 칭찬과 격려를 받아야 마땅하다. 이것이 모티브가 되어 이모작을 다시 시작할 수 있는 용기와 힘을 얻게 되는 것이다.

마음 속 깊은 곳으로부터 자연스럽게 우러나오는 측은지심이 전달될 때 거뜬히 어떤 일이든 할 수 있다.

그런데 의외로 퇴직자들이 가장 힘겨워 하는 것이 가족으로부터의 외면이다. 수개월 전 필자가 어느 은행의 퇴직 예정자를 상대로 강연을 할 때 "퇴직을 앞두고 무엇이 가장 두려운가?" 하고 물었더니 많은 사람들이 '배우자의 태도'라고 응답했다.

겉으로는 부부로서 그동안 가족을 위해 수고를 많이 했다며 격려하지만 한편으로는 불안한 마음에 은근히 재취업을 독려한다는 것이다.

하지만 재취업이나 창업이 그리 쉬운 일이 아니므로 더욱 큰 걱정과 근심으로 스트레스를 받게 마련이다. 특히 배우자가 전업주부인 경우는 그 정도가 더욱 심하다고 한다.

부부가 서로 측은지심으로 함께

퇴직 후 무슨 일을 시작하기 전에 먼저 부부가 서로 측은지심을 가져야 한다. 자녀들도 마찬가지다. 대화로 서로를 이해하고 어려움을 함께 해결해 나가려는 노력이 있으면 용기를 가지고 새롭게 출발할 수 있다.

정년퇴직의 경우는 자녀들도 이미 학교를 졸업하는 연령이 되었기 때문에 당연히 부모를 이해하고 취직과 결혼을 스스로 해결하려는 의지를 보여야 한다.

온 가족이 함께 도와주면 이모작 인생을 시작하기가 훨씬 덜 부담스럽다. 전업주부의 경우도 미리미리 무슨 일이든 시작해야 한다. 이제 자녀들도 성장하여 독립할 시기가 되었으니 남은 인생을 보람 있게 살아가기 위해서 그렇다.

서로 불쌍히 여기는 마음을 갖고 있으면 불평보다는 격려가 자연스럽게 나온다. 가장이 혼자가 아니라는 느낌을 가질 때 우울증이나 '멘붕'에 빠지지 않는다. 서로 격려하고 도와주면 용기백배하여 거뜬히 이모작을 시작할 수 있다.

말 한 마디라도 곱고 예쁘게 하면 고래도 춤추게 한다. 남에게는 잘하면서도 가장 가까운 가족에게는 잘 안 되는 칭찬을 이제는 회복해야 한다.

백성을 불쌍히 여기는 마음이 지극하였던 세종대왕이 한글을 만들고 백성을 위한 정치를 잘 해낸 것은 바로 이 측은지심이 어려서부터 몸에 배어 있었기 때문이라고 전해져 온다.

네거티브 시스템

후진국에서 벗어나려면 네거티브 시스템으로

포지티브 시스템의 반대말이다. 한 마디로 말하면 하지 말라고 규정한 것 외에는 모두 가능하다는 뜻이다.

쉬운 예를 들면, 유턴 금지 표시가 없는 곳에서는 어느 곳에서나 유턴해도 된다는 의미다. 후진국은 대부분 포지티브 시스템이고 선진국은 예외 없이 네거티브 시스템이다.

우리나라는 후진국이다. 문제는 이런 시스템이 우리 사회 곳곳은 물론 모두의 머리와 가슴과 온 몸에 배어 있다. 그래서 모방은 잘하지만 창의성과는 거리가 멀다.

이제는 바꿔야 한다. 특히 인생이모작을 위해서는 의식부터 고쳐야 한다. 창의성 없이 새로운 직업을 만들어내기가 불가능한 것은 당연하다.

대표적인 포지티브 시스템의 사례는 역시 공무원들의 태도에서 찾아볼 수 있다.

하루가 멀게 느껴질 정도로 엄청난 속도로 변화하는 세상을 살면서 새로운 아이디어를 들고 관공서에 가면 일단 규정에 없으니 안 된다고 한다. 지금의 법과 규정에 맞추든지 아니면 대안을 마련해 오라고 돌려보낸다.

이런 과정을 몇 번 겪고 나면 새로운 시도를 하는 것조차 번잡스러워 스스로 포기하게 된다. 어릴 때부터 이런 환경 속에서 자라면 커서도 도전 정신이 없고 현실에 안주하고 그냥 남이 한 것을 따라가기만 하는 것이 최상이라 생각하게 된다.

이런 토양에서는 글로벌 기업이 나오기 어렵다.

포지티브 시스템으로는 규제개혁 어렵다

정부는 규제개혁을 수없이 외쳐대지만 뿌리 깊은 현재의 포지티브 시스템은 도무지 바뀌지 않는다.

그렇다면 우리가 먼저 바꿔보자. 벤치마킹은 누군가를 따라잡아 거기에 머무르는 것이다. 모방공화국은 이쯤에서 정리하고 창조공화국으로 거듭나야 한다.

앞서 나가는 것은 어렵고 외로운 길이다. 하지만 새로운 길을 개척해야 새로운 잡을 만들어 낼 수 있다. 아무도 가지 않은 길을 가야 한다. 어렵다고 언제까지 모방만 할 것인가.

전 세계 어느 나라보다, 어느 나라 사람들보다 머리가 좋고 위기를 슬기롭게 극복한 우리가 아닌가. 지금이 바로 시스템을 바꿔야 할 절호의 기회다.

마음의 문을 활짝 열고 무한 긍정의 자세로 세상을 보면 새로운 길이 보인다. 한계를 스스로 정하고 그것을 넘어보려는 도전의식이 없다면 도태되고 만다.

내 안에 고이 잠들어 있는 무한한 잠재력을 끌어내는 것은 나만이 할 수 있는 일이다. 어제의 나와 비교하며 조금씩 나아지려면 나의 시스템을 바꿔야 한다.

다시 한 번 살펴보자. 나는 닫혀 있는가, 아니면 열려 있는가.

나는 포지티브 시스템인가, 네거티브 시스템인가.

별것 아니라고 생각할지 몰라도 이 둘 사이에는 엄청난 차이가 존재한다. 인생이모작을 시작하는 분들에게 권한다. 이제 네거티브 시스템으로 무장하자.

완벽함보다 유연함을 택하라

인생이모작은 뭐니 뭐니 해도 열정

인간이라면 누구나 완벽해지고 싶어 한다.

그래서 우리는 어릴 적부터 완벽해지려 엄청난 노력을 하며 살아왔다. 다름을 틀림으로 이해하며 바른 길로만 가도록 강요받으며 살아왔다.

직장에서는 더하다. 혹시라도 잘못되면 소속된 조직에 엄청난 손해를 끼쳐 결국 퇴사를 당하고 만다. 그래서 더욱 노심초사 완벽해지려 애쓴다.

그런데 지구상에 완벽한 인간은 없다. 이렇게 완벽함을 추구하다 보면 유연함이 사라지고 인간미도 없어지고 창의성마저 증발해 버린다. 동시에 열정마저 없어지게 되는 것이다.

인생이모작에서는 뭐니 뭐니 해도 열정이 불타올라야 한다.

86세 김욱 현역 번역가는 그의 저서 『가슴이 뛰는 한 나이는 없다』를 통해 열정을 살리면 인간은 죽을 때까지 진화한다고 역설한다.

유연함과 창의성은 서로 밀접한 관련이 있다. 필자는 창직 전문가로서 창직의 첫째 조건이 바로 유연함에 있음을 발견했다. 사고의 유연함, 신체의 유연함 그리고 인간관계의 유연함으로 풀어 말할 수 있다.

필자가 관찰한 바로는 비교적 지능지수가 높고 성격이 강직한 사람일수록 완벽함을 추구하는 경향이 짙은데, 문제는 그러다가 직장을 그만두거나 하는 일이 바뀌는 경우 적응하지 못하고 전전긍긍하는 사람이 의외로 많다는 데 있다.

유연함이 적응력이다

아날로그를 지나 디지털시대를 넘어 스마트시대에 이르고 보니 인간이 무엇인가를 기억하는 것은 이미 한계가 있고 세상 모든 일을 모두 경험할 수 없기 때문에 스마트 도구들에 의지하게 되는데 이럴 때 필요한 것이 바로 완벽함이 아닌 유연함이다.

다른 말로는 적응력이라 할 수 있다. 엄청난 속도를 달라지는 세상에 잘 적응할 수 있는 능력을 갖추는 것이야말로 인생이모작을 위한 필요충분조건이 되는 것이다.

창직은 지금까지 없었던 새로운 직업을 만드는 것이다. 그러기 위해서는 과거에 연연하지 않고 미래로 나아가려는 추진력과 적응력이 무엇보다 필요하다.

자신이 완벽함을 추구하는 편인지, 먼저 자신에게 물어보고 가까운 가족이나 지인들에게 확인해보라.

그런 다음 완벽함을 내려놓고 최선책이 아니면 차선책도 있다는 확신을 통해 유연함을 확보하라.

물론 하루아침에 달라지지 않는다. 하지만 꾸준히 노력하면 습관이 될 것이다. 자신도 모르는 사이에 얼마 후에는 달라져 있는 자신의 삶의 태도를 확인하게 될 것이다.

완벽함이 나쁜 것은 아니지만 불완전한 인간이 너무 완벽해지려다 어느 순간 회의가 찾아오고 자괴감이 생기면 걷잡을 수 없을 만큼 멘붕에 빠지게 되므로 주의해야 한다.

이제 완벽함을 버리고 유연함을 선택하자.

가슴이 두근거린다면

스스로 변하려고 노력해야 가슴이 두근거리지

나이 어린 소년소녀들만 가슴이 뛰는 것이 아니다.

노년에도 가슴이 두근거린다면 아직 세상은 살 만하다.

올해 80세의 나이로 피아노를 배우러 서울대에 재입학한 변현덕 씨의 경우를 보면 그의 삶이 지금까지 얼마나 치열했으며 이제 그가 어떻게 꿈과 희망을 가슴에 품고 있는지 어렵지 않게 엿볼 수 있다.

노년의 가슴 뜀은 사춘기 어린 시절 이성을 그리워하며 뛰었던 그것과는 비교할 수 없을 만큼 소박하지만 깊고 넓다.

그런데도 통계에 따르면 우리나라 60세 이상 자살자가 한해 5,000명에 이른다고 하니 무엇이 잘못되어도 한참 잘못되었다.

그 중의 일부는 생활고를 비관하여 스스로 목숨을 끊기도 하지만 대부분은 일용할 양식이 없어서라기보다 삶의 의욕이 없어져서 그렇게 생을 마감한다고 한다.

특히 사회 지도층을 형성했던 사람들 중에 이런 멘붕에 빠지는 현상이 훨씬 많다고 한다.

필자의 관찰 결과로 이들의 공통점은 지금까지 세상을 승승장구하며 살아왔다는 데 있다. 별로 아쉬울 것 없이 잘 살아왔는데 막상 일모작을 마친 후 자신을 받아주지 않는 사회와 직장과 가족을 쉽게 등져 버린다는 것이다.

자신은 조금도 변하려는 노력을 해보지 않고 주위 모든 환경만 달라지기를 바라는 이율배반적인 생각 때문이다.

지난날을 자랑 말고 오늘 품은 꿈을 자랑하라

김욱 작가는 그의 저서 『가슴이 뛰는 한 나이는 없다』를 통해 "지난날을 자랑 말고, 오늘 이후 가진 꿈을 자랑하라"고 충고한다.

과거의 영화를 그리워하며 동경하다 보면 현실에 대해 부정적인 생각들로 가득차고 매사 뜻하는 대로 마음먹은 대로 되지 않을 때 분노가 치밀어 오르면서 급기야 자포자기의 단계까지 이르게 된다는 의미다.

지금 당신의 가슴은 뛰고 있는가? 습관처럼 과거를 말하고 미래는 없다고 생각하는가? 자신은 이 사회에서 아무 짝에도 쓸모없다고 스스로 비하하고 있지는 않은가?

이런 중요한 질문을 스스로에게 던져야 한다.

비가 오거나 눈이 오면 낮에도 세상이 일시적으로 어두워지지만 얼마쯤 지나 밝은 태양이 떠오르면 그때를 잊어버리듯 과거의 성공과 실패를 모두 잊어버리고 현재와 미래에 관심을 쏟아야 한다.

가까운 가족과 이웃으로부터 사람이 사랑스러워지면 가슴이 뛰게 된다. 그들을 있는 그대로 사랑하면 반드시 그들도 당신을 있는 그대로 사랑하게 된다.

이것이 놀라운 비결이다. 들판에 핀 개나리, 목련화, 매화 그리고 진달래를 보며 참 아름다운 세상이라 느낀다면 하물며 사람을 사랑하게 되는 것은 얼마나 아름답고 가슴이 두근거리겠는가.

그들을 보며 가슴이 콩닥콩닥 뛰는 것은 살아있다는 증거다.

가슴이 두근거리기만 한다면.

마이웨이

따라 하기는 이모작의 적

마이웨이 하면 으레 〈대부〉라는 영화가 생각난다.

인생이모작에서 창직하려면 마이웨이 정신이 필요하다. 남들이 하는 대로 안전하게 따라가면 평균에 이를지는 모르나 새로운 직업을 만들기 어렵다. 지금까지 존재하지 않았던 직업을 만들지 않으면 그저 그런 레드오션에 머물게 된다.

그런데 우리는 지난 수십 년 압축 성장 기간 동안 국가도 기업도 개인도 남들 따라 하기에 너무나 익숙한 나머지 홀로 서기를 전혀 하지 못하는 미숙아가 되어 버렸다.

더 이상 남 따라 하기가 먹혀들지 않는 상황에 봉착했음에도 도무지 빠져나올 줄 모르고 살아간다.

성인들이 이러니 아이들은 두말 하면 잔소리다.

자녀를 가진 엄마들에게 직업의 종류를 아는 대로 적어보라고 했더니 30년 전이나 지금이나 여전히 공무원, 판사, 검사, 변호사, 교사 등만 나열했다고 한다.

그런 엄마들이 아이들을 다그치며 공부 열심히 해서 학교 성적을 올리라고 강요하는 것은 어찌 보면 당연하다.

엄마들을 두고 아이들 혼자서 마이웨이로 갈 수는 없을 터이니 결국 마이웨이는 엄마들부터 선택해야 한다. 그렇지 않고야 우리나라의 교육 시스템은 요지부동이며 아무리 애를 써도 제 자리 걸음을 할 수밖에 없다.

같음을 극복하고 다름을 즐겨야

다름을 즐겨야 한다. 같음을 극복해야 한다.

다르기 때문에 생기는 불안감을 해소하면 새로운 길이 보이게 된다. 탁월함도 따지고 보면 다름에서 나온다.

그저 그렇고 그런 비슷한 상황 속에서 특출한 것이 나올 리 만무하다. 다르면 눈에 띈다. 달라야 경쟁력이 생긴다. 여기서 다르면 글로벌 시장에서도 다르게 된다.

하지만 하룻밤 새에 달라지지 않는다. 다름도 연습이 필요하다. 몇 번 다르게 하다 보면 자신도 모르게 점점 달라진다.

지금 대한민국은 마이웨이만이 살 길이다.

중국의 부상과 일본의 견제로 인해 다르지 않으면 블랙홀처럼 그들에게 함몰되고 만다.

일모작 직장을 퇴직했다면 이제 마이웨이 정신의 중요성을 깨닫고 창직에 앞장서야 한다.

미래는 불확실하지만 마이웨이 마인드로 의심을 떨쳐버리고 돈키호테처럼 앞으로 나가야 한다. 불굴의 투지를 갖고 새로운 길을 찾아 나서야 한다.

누가 뭐래도 나의 길은 내가 만들어가는 것이 가장 확실하다. 은근히 남에게 기대는 마음을 걷어내고 작은 일부터 스스로 해 나간다면 얼마든지 창직의 실마리를 풀어낼 수 있다.

오랫동안 해온 남들 따라 하기 버릇이 지속적으로 앞길을 가로막더라도 오직 '마이웨이'의 마인드만이 나와 우리를 지킬 수 있으므로 가야 한다.

제3부
마음먹기 달렸다

5060세대여 일어나라

새로운 시대에는 새로운 일을 찾아야

베이비부머baby boomer들을 포함한 산업화 시대의 역군이었던 5060세대가 직장 일선에서 은퇴하고 물밀듯 사회로 쏟아져 나오고 있다.

21세기 들어 고용 없는 성장과 스마트시대의 출현과 함께 새로운 시대적 패러다임 이동에 떠밀려 자연스럽게 퇴직을 하게 된 것이다. 몸도 마음도 아직 청춘이지만 우리 사회에서 5060세대는 이렇게 설 자리를 잃고 방황하는 세대로 전락하고 있다.

1970년대에는 60세 환갑을 넘겨 살기도 어려운 시절이었지만 지금은 90세를 훌쩍 넘긴 어르신들을 주변에서 얼마든지 볼 수 있는 시대다. 그래서 지금 나이에 70%를 곱해야 옛날 나이가 된다는 말도 있다.

인생 100세 시대로 접어들면서 50대와 60대가 여기서 주저앉으면 안 된다. 아직 힘이 있고 기술이 있고 경륜이 있다.

더 이상 직장에서 받아주지 않는다고 불평할 것이 아니라 새 시대에 맞는 새로운 일을 찾아 얼마든지 일어설 수 있다.

고령화 시대를 맞았지만 가만히 앉아서 누군가 도와줄 것을 바라고 있어서는 안 된다. 몸을 움직이고 머리를 쓸 수 있는 일이 우리 주변에 너무나 많이 있다.

중요한 것은 의지다. 직장을 은퇴하면서 이제 모두 끝난 것이 아니라 새로운 시작이다. 지금까지는 직장을 위해 죽도록 노력했다면 이제 남은 삶은 나와 이웃을 위해 차원 높은 일을 찾아보자는 뜻이다.

나이는 숫자에 불과한 것

무슨 대단한 일을 하자는 것이 아니다. 작은 일이라도 보람 있는 일을 하기 위해서는 우선 누구에게든 무엇인가 도움이 되는 사람이 되겠다는 자세가 필수다.

내가 원해서가 아니라 다른 사람이 볼 때 과연 나라는 존재가 도움이 되느냐는 것이다. 이런 마음으로 주위를 둘러보면 나의 도움을 필요로 하는 사람이 얼마든지 눈에 띈다.

가족을 위시한 친지나 친구, 주변에 있는 분들에게 다가가 작은 도움이라도 되어 준다면 그들은 당연히 환영할 것이다. 그렇지 않고 돈부터 벌어야겠다고 나서면 상대방은 부담감을 갖게 되고 멀리하게 될 게 뻔하다.

그리고 유연한 마음자세를 가져야 한다.

지금까지 한 번도 해 보지 않았던 일이라도 차근차근 배워서 할 수 있도록 해야 한다. 해보지 않은 일도 해보면 그 속에 나름대로 즐거움이 있다.

시니어는 경륜이 있기 때문에 일머리를 금세 알아차린다. 지금까지 겪어 보았던 일을 되새기며 아직 경험이 없는 많은 분들에게 도움을 줄 수 있다.

6.25 전쟁 때 인천상륙작전을 지휘했던 맥아더 장군이 70세의 나이에 작전사령관으로 전투에 참가했다고 하면 쉽게 믿을 수 있을까?

바이블Bible에도 모세가 80세에 이스라엘 백성을 애굽이라는 나라에서 구출하는 장면이 나온다.

그리고 갈렙이라는 분도 80세에 전장에서 적과 싸운다. 그 시대에도 그런 분들이 있었다.

아무리 세상이 바뀌었다고 하지만 지금의 50대와 60대는 예전의 40대에 해당하는 나이다. 꿈과 호기심과 도전정신이 살아 있다면 그는 바로 청년이다. 5060세대여, 힘을 내자. 다시 일어서자.

마이웨이 My Way

새롭고 부가가치 높은 일을 스스로 만들어야

5060세대가 지나왔던 격동의 산업화 시대에는 강력한 카리스마를 가진 대통령의 진두지휘 아래 대기업을 중심으로 만들어 놓은 일자리를 기계의 부속처럼 사람이 채우며 살아왔다면 지금 이 시대는 대기업도 중소기업도 전혀 구분 없는 무한경쟁 시대로 접어들었다.

그래서 개인이든 기업이든 나의 길을 내가 만들어 나가야 한다. 하지만 수십 년 동안 직장생활에 익숙해져서 살다 보면 홀로서기를 하기가 무척 두렵고 더구나 지금까지 존재하지 않았던 새로운 일에 대한 막연한 불안감으로 몸을 사리게 된다.

인간이라면 누구나 태어나서 한 번도 해 보지 않은 일에 대해 두려움이 있게 마련이겠지만 이것도 또 하나의 선택이라고 생각하고 꾸준히 노력하다 보면 어느새 습관이 되어 내 품에 둥지를 틀게 된다.

국내뿐 아니라 전 세계가 경기침체로 인해 일자리가 없다고 아우성이지만 자세히 살펴보면 일자리가 없는 것이 아니라 자신의 마음에 드는 편한 일자리가 없거나 새로운 일자리를 찾고 만드는 일에 관심이 전혀 없기 때문이다.

누군가 만들어놓은 일자리에 들어가 일하면 당연히 기계 부속물처럼 시키는 일을 해야 하고 부가가치도 비교적 높지 않은 그런 일을 해야 한다.

하지만 내가 가는 길에 나의 일을 내가 만들어 나가면 그만큼 자신감도 생기고 어느 누구에게 의지하지 않고 당당하게 나의 길 my way을 펼쳐 나갈 수 있다.

특히 나이가 벌써 5060세대에 접어들면 어떤 조직에서는 나이든 직원의 존재 자체만으로도 조직의 활성화를 저해하는 요인으로 생각하기 때문에 유교적 사고가 뿌리 깊은 우리 정서상 장기간 일하기가 어렵다.

맥아더스쿨에서 자신의 길을 스스로 개척

그러므로 5060세대는 더 이상 직장인으로 살기보다 직업인으로 자기 영역을 스스로 구축하는 것이 바람직하다. 아무도 흉내낼 수 없는 자기만의 독특한 방식으로 길을 만드는 것이다.

로버트 프로스트Robert Frost의 시 〈가지 않은 길The Road Not Taken〉에서처럼 어느 누구도 가지 않은 길을 만들어 가는 것이다. 세상에 태어나 50년 또는 6~70년을 살고 나면 해 보았던 일보다 하지 않았던 일에 대한 후회가 더 크다고 한다.

특히 오랫동안 튼튼한 울타리 속에서 길들여진 직장인들은 나이가 들어 울타리 밖에 나와 보고서야 자신이 얼마나 세상을 좁은 시야로 보고 살아왔는지 실감하게 된다. 하지만 대부분 직장인들은 나와 보지 않고는 아무리 말해도 알아듣지 못한다.

5060세대여, 이제부터는 남이 이미 지나간 길을 가지 말고 지금까지 아무도 가지 않은 길을 열어 가자.

생각을 바꾸면 가능하다. 생각이 바뀌면 행동이 바뀐다. 바뀐 행동이 이어지면 습관이 바뀐다. 적어도 6개월이나 1년 정도 꾸준히 반복하면 몸에 익숙해진다.

이렇게 하려면 해보지 않았던 일에 대한 과감한 도전이 필요하다. 조만간 5060세대를 위한 소셜 비즈니스 코치 양성 코스인 맥아더스쿨MacArthur School이 문을 연다. 굳은 의지와 변화에 적극적인 분들을 모셔서 새로운 길을 만드는 일을 시작하려 한다.

누가 만들어 주는 길이 아니라 본인 스스로 만들어가는 인생이 모작 사관학교다.

훗날 누구에게든 당당하게 나는 나의 길을 내가 만들어 왔노라고 떳떳하게 외칠 수 있도록 그런 길을 함께 만들어 가자.

인생이모작은 자신감이 우선이다

두려움을 자신감으로 떨쳐야

기대수명에 못 미쳐 세상을 떠나는 것은 어찌 보면 행복한 일이다. 반대로 기대수명보다 오래 산다면 하루하루 고통이 따를 수도 있다. 좋든 싫든 100세 시대는 오고야 말았다.

인생이모작은 선택이 아니라 필수다.

과거에 25~50세에 인생이 마감되었다면 지금은 25~50~75세 이후 은퇴를 해야 하는 것이다.

이렇게 인생이모작을 50세 즈음에 시작하게 될 때 가장 중요한 우선순위는 자신감을 가져야 한다는 것이다.

오래 살게 되어 어쩔 수 없다고 생각하면 매사가 답답하다. 하지만 내게 주어진 또 하나의 기회라고 생각하면 호기심과 열정이 솟아오른다. 일모작에서 많이 겪었던 시행착오를 밑거름 삼아 이제 당당하게 이모작을 시작해야 한다.

인생은 연습이 없는 연극과 같다고 했지만 일모작이 연습이었다면 이모작은 진짜 연극이다. 배우들의 인생 스토리를 들어보면 처음에는 대본에 나온 극중 인물로 살았는데 세월이 흐르다 보니 어느새 자신의 인생이었는지 극중 인물의 삶이었는지 분간하기 힘들 정도로 오버래핑 되었다고들 한다.

연습을 많이 하면 실전에서도 연습처럼 자연스러워질 수 있다. 먼저 머릿속에 가득한 두려움을 멀리 쫓아내야 한다. 자신감은 두려움의 천적이다.

이모작을 시작하면서 두려움이 전혀 없을 수는 없지만 그 두려움을 오히려 호기심으로 승화시켜 도전과 열정으로 채워나가면 얼마든지 극복할 수 있다.

멘토를 활용하라

『은퇴가 없는 나라』를 지은 서울대 김태유 교수는 이모작이 일모작보다 안전하고 성공확률이 높다고 한다.

일모작에서는 젊음이라는 무기는 있었지만 경험도 지식도 부족하여 수많은 시행착오를 거듭하게 마련이다.

하지만 이모작은 다르다. 많은 경험과 지식에다 인적 네트워크까지 두루 갖추고 있고 자식들도 어느 정도 성장을 하여 가족 부양의 부담감도 일모작에 비해 줄어들기 때문이다.

특히 기업에서 오랫동안 일했던 경험으로 인해 논리적으로 따져보는 능력은 상당히 키워진 상태이기도 하다.

하지만 때로는 이런 것들이 새로운 도전에 걸림돌이 되기도 한다. 머리로는 이해하면서도 몸이 말을 듣지 않아 머리 따로, 몸 따로 놀 수도 있다.

자신감을 가지려면 더 이상 잃을 게 없다는 생각을 할 필요가 있다. 이제 나이가 50세를 넘으면서 차분하게 생각하되 행동은 민첩하게 하는 것이 좋다.

액션이 따르지 않는 생각은 공허하기만 하다. 5060세대의 특징은 돌아서면 잊어버린다는 것. 그래서 작은 것 하나도 직접 손으로 또는 몸으로 해 봐야 자기 것으로 만들 수 있다.

자신감을 가질 수 있는 또 하나의 큰 무기는 인적 네트워크다. 나이 들수록 멘토를 많이 모셔라. 나보다 특정 분야에서 두각을 나타내면 모두가 나의 멘토가 될 수 있다.

나이에 상관없이 친구든, 젊은이든 누구든 멘토로 삼으라. 그러면 매사에 잘 모르는 것을 물어 볼 수 있다.

멘토가 있다면 행복하고 멘토는 내가 물어주어서 행복을 느낀다. 인생이모작, 뭐니 뭐니 해도 자신감이 최우선이다.

베이비부머들이여, 스마트기기로 무장하라

스마트기기는 베이비부머를 위해 태어났다

인생이모작을 시작하는 베이비부머들에게 스티브 잡스는 엄청난 선물을 주고 떠났다. 그도 1955년생이니 베이비부머였다. 그렇게 본다면 스마트 시대는 베이비부머를 위해 시작된 셈이다.

그런데 이미 우리에게 와버린 스마트 시대를 외면하는 베이비부머들이 의외로 많다. 그럴 필요가 전혀 없다.

인류가 전기를 발명한 이후 제2의 혁명이라 불리는 스마트폰을 우리 손에 들고 있기 때문이다.

우리는 이것을 어떻게 우리의 삶과 비즈니스에 활용할 것인가만 생각하면 된다. 인터넷 세상을 이미 경험한 베이비부머들에게 스마트폰은 아주 쉽게 적응할 수 있는 스마트기기다.

어렵게 생각할 물건이 아니라는 뜻이다.

스마트폰으로 세상과 소통하라.

지금 세상은 온통 스마트폰에 미쳐 있다.

하지만 네트워크 인프라가 약한 국가에서는 아직도 그림의 떡이다. 그렇지만 전 세계에서 가장 빠른 통신 인프라를 자랑하는 우리나라에서는 스마트폰이 우리의 삶과 일에 깊숙이 뿌리내리고 있다.

스마트폰이 보급되면서 더 이상 컴퓨터를 사용해야만 인터넷을 사용할 수 있고 검색도 가능하다는 공식이 깨져버렸다.

누구든 언제 어디서나 필요한 정보를 찾아 볼 수 있고 실시간 뉴스도 보고 들을 수 있으며 좋아하는 스포츠나 드라마도 시청이 가능해졌다.

정말 대단한 변화가 아닐 수 없다. 이런 변화를 읽을 수 있다면 얼마든지 삶과 비즈니스에 응용할 수 있다.

스마트기기로 멋진 인생이모작을 시작해보자

이에 더하여 스마트폰과 함께 보급된 페이스북으로 대표되는 SNS로 인해 온라인 광고와 홍보 패턴이 완전히 바뀌었다. 지금까지 이용해 왔던 네이버와 같은 포털 사이트를 통한 광고와 홍보는 설 자리를 점점 잃어가고 있다.

새로운 시대에 걸맞은 새로운 광고와 홍보가 아니면 소비자들은 당연히 외면해 버린다.

베이비부머가 스마트기기와 SNS로 무장하면 삶이 더욱 풍부해지고 비즈니스에 활기를 더해 줄 수 있다.

베이비부머들이 이런 도구를 이용해 어떻게 삶을 풍요롭게 하고 비즈니스에 적용할 것인가에 대한 정보 활용기술을 조금만 배우면 누구든지 가능하다.

스마트 시대 이후에는 또 어떤 세상이 펼쳐질지 누구도 예측하기 힘들다.

하지만 한 가지 분명한 것은 100세 시대에 인생이모작을 시작하면서 베이비부머들이 앞으로 어떤 세상이 펼쳐져도 당당하게 적응하고 리드해 나갈 수 있는 역량을 키우는 것이 무엇보다 절실하다는 사실이다.

스마트기기는 베이비부머를 힘들게 하기 위해 찾아온 것이 아니라 오히려 인생이모작을 돕기 위해 신이 내린 선물이라는 인식부터 가져야 한다.

인생이모작을 시작하면서 처음부터 이런 깨달음만 있다면 하지 못할 일이 없다. 베이비부머들과 6070세대들이여, 세상은 넓고 인생은 길다. 스마트기기와 SNS로 무장하고 인생이모작을 멋지게 펼쳐 나가자.

베이비부머와 인생이모작

인생이모작의 필요성에 대한 인식 부족

불과 몇 년 전까지만 해도 인간의 수명이 길어지고 있다는 정도만 인식하고 있었지 이것이 현실이 되어 내 가족에게 해당된다고 생각하지는 못했다.

그리고 막상 베이비부머들이 은퇴를 시작하고 보니 이렇게 많은 베이비부머들이 있었다는 사실에 화들짝 놀라고 있다.

세계경제가 침체기에 접어들고 베이비부머들이 직장에서 퇴직을 하게 되면서 새삼 인생 100세 시대를 염려하며 과연 앞으로 40~50년을 어떻게 살아야 할까 고민하게 되었다.

그래서 최근 3년 내에 부쩍 인생이모작에 대한 관심이 높아지고 있다. 하지만 정작 베이비부머들 중에는 인생이모작의 필요성에 대한 인식조차 매우 부족한 실정이다.

일모작에서 열심히 일했으니 나머지는 국가와 사회가 책임져 줄 것이라는 환상을 버려야 한다. 국가나 사회는 공공의 이익을 위해 다수의 의견으로 진화되어 갈 뿐이지 개개인의 인생이모작에 미칠 영향력은 극히 미미하다.

그러므로 가장 먼저 베이비부머들이 스스로 인생이모작에 대한 절실함이 있어야 하는 것이다. 이것은 단순히 남은 생애 동안 먹고 사는 문제에 머물지 않고 인간으로서 어떻게 더 행복하게 살 것인가 하는 행복의 추구에 귀결되기 때문이다.

나이 들면 세월이 빨리 간다고들 하지만 보람 있는 일을 하지 않고 보내는 시간은 지루하기 짝이 없다. 그래서 나이 들수록 더 가슴 뿌듯한 내:일my job이 있어야 행복할 수 있다.

인생이모작은 스스로 시작해야

반드시 무슨 큰일을 해야만 인간이 행복할 수 있는 것은 아니다. 아주 작은 일이라도 평생 해보고 싶은 일이나 나의 욕심을 채우는 일보다 누군가를 돕는 봉사의 삶을 살아간다면 얼마든지 우리는 행복감에 젖어 살아갈 수 있다.

인생이모작을 더 이상 미루어서는 안 된다. 관심을 가지고 적극적인 자세로 자신만의 이모작을 만들어 가야 한다.

주위에 도움이 될 만한 단체나 개인을 찾아 자문을 구하고 이에 대한 방향을 찾아 나가야 한다.

긴가민가 망설이며 흘려보내는 아까운 시간보다 일단 한 발을 내딛는 과감한 결단이 필요하다.

우리 속담에도 하늘은 스스로 돕는 자를 돕는다는 말이 있다. 내가 나서야 나의 인생이모작의 길도 열린다.

때마침 스마트 세상이 우리 곁에 찾아왔다. 스마트폰으로도 세상을 들여다보고 많은 일을 할 수 있는 꿈같은 세상이 된 것이다.

그런데 아직 2G폰을 들고 세상과 담을 쌓고 사는 베이비부머들이 있다. 스마트 세상은 우리를 세상과 소통할 수 있는 통로 역할을 하기에 충분하다. 문제는 우리의 마음가짐이다.

스마트 기기와 SNS로 무장하면 베이비부머도 얼마든지 당당하게 이모작을 시작할 수 있다. 연일 매스컴을 통해 인생 100세 시대에 이모작이 필요하다고 떠들어대지만 그저 눈과 귀를 닫고 사는 베이비부머들을 보면 안타까운 생각이 든다.

세상은 아는 만큼 보이고 내딛는 만큼 스스로 발전할 수 있다. 베이비부머들이여, 지금 당장 2G폰을 스마트폰으로 바꾸어라.

꾸준함이 이긴다

개인주의 경향을 뛰어넘은 꾸준함

CEO 현장경영 체험을 위해 에너지버스 초청으로 1박2일 안동병원을 다녀왔다. 강보영 이사장의 체험적 강연을 비롯하여 직원들의 친절교육과 모닝 세레모니ceremony 등을 참관하며 과연 뭔가 확실히 다르다는 것을 느꼈다.

그렇다. 그들이 하고 있는 모든 행동은 무슨 대단한 연구개발을 통해 얻어진 것이 아니다.

일본 MK택시를 벤치마킹하고 난 후 병원 내에서 수많은 시행착오를 거치며 독자적인 스타일의 뭔가를 만들어낸 것이다.

수많은 사람들과 기업들이 MK택시 연수를 다녀왔지만 안동병원처럼 끈기를 가지고 꾸준하게 실행에 옮긴 기업은 그리 흔치 않다. 안동병원의 성공은 끈기와 꾸준함 덕분이라는 말이다.

특히 지난 30여 년간 민주화 열풍과 함께 인권이 꽤 신장되고 보니 개인주의 성향이 지나칠 정도로 두드러지고 있는 21세기를 맞아 기업들마다 감성경영을 도입하면서 모든 것을 직원들의 자율에 맡기는 트렌드가 일반화되어 있는데 그 가운데서 안동병원과 같은 경우는 독특하면서도 신기하기까지 하다.

오늘에 이르기까지 강 이사장을 비롯한 직원들의 눈물 어린 동참이 없었다면 결코 이룰 수 없는 인고의 열매다. 특히 오너 경영인인 강 이사장의 솔선수범하는 노력과 직원들을 감동시켜 얻은 공감대가 열쇠가 되었던 것이다.

꾸준함은 승리의 비결

아무리 시대가 바뀌어 경영방식이 판이하게 달라졌다고 해도 기업경영의 본질은 변치 않는다.

기본으로 돌아가고 새로운 제품과 서비스를 개발하면서도 서비스 품질을 지속적으로 유지하는 것이야말로 이 모든 것을 뛰어넘을 수 있는 발판이 됨은 의심할 여지가 없다.

오늘도 우리는 얼마나 많이 생각하고 결심하는가?

하지만 끝까지 참고 견디며 꾸준히 이어가는 정신이 없다면 도대체 우리는 무엇을 이룰 수 있을까?

필자가 근무하는 직장이 아님에도 안동병원에서 직원들의 목청껏 외치는 구호가 한동안 귓전을 맴돌 것 같다. 그들의 진지함으로 인해 눈물까지 찔끔 났다.

고도성장이 멈추고 세계경제가 저성장의 기류로 전망이 불투명하지만 스마트한 생각과 참아내는 꾸준함으로 거뜬히 살아날 수 있음을 안동병원은 실제 상황을 통해 우리에게 강력한 메시지로 전해준다.

이래서 현장경영 체험이 반드시 필요하다. 세상이 많이 변했다. 특히 사람들이 많이 달라졌다.

하지만 안동병원 직원들처럼 자신과 이웃을 위해 변함없이 꾸준하게 맡은 일을 해 나간다면 이루지 못할 일이 어디 있겠는가.

세월이 아무리 흘러가도 이것만큼은 절대로 변하지 않을 것이란 믿음이 생겼다. 결국 꾸준함이 승리하게 되어 있다.

스마트 에이징Smart Aging

지혜롭게 늙어가는 것이 스마트 에이징

고령화가 도래한 지금은 바야흐로 스마트 에이징 시대다.

한국과학기술기획평가원(KISTEP)이 스마트 에이징을 똑똑하게 늙는다는 뜻으로 해석했다고 하는데 그리 적절한 번역이 아니라고 본다.

똑똑하다기보다는 지혜롭다거나 현명하다고 했어야 한다.

아무튼 인생이모작을 시작하는 베이비부머와 6070세대는 이제부터라도 스마트 에이징에 눈을 떠야 한다.

최근 미래창조과학부에서 디지털 에이징이란 말을 사용하고 있는데 사실 디지털 에이징은 컴퓨터와 인터넷이 시작되면서 진작 나왔던 용어다. 그러므로 이보다 지금은 스마트 에이징이 더 적절한 표현이다.

스마트 에이징은 진정한 아날로그analogue와 스마트 도구들이 만날 때 가능하다. 여기서 진정한 아날로그란 풍부한 지식과 경험으로 어느 분야에서 일가견이 있을 때 비로소 만들어진다.

여기에다 스마트폰과 페이스북을 위시한 SNS가 접목이 되면 시너지 효과를 나타내면서 비즈니스에 크게 활용이 된다.

이미 4년 전에 우리나라에도 스마트 세상이 찾아왔지만 아직도 구태를 벗지 못하고 아날로그 세상에서 머물러 있는 사람들이 많다. 자신이 먼저 스마트 세상을 찾고 경험하고 활용하지 않는다면 어느 누구도 대신해 줄 수 없다.

생각을 바꾸어야 스마트 세상이 보인다

나이가 들면 순발력이 떨어지고 새로운 변화에 대한 적응력도 현저하게 뒤쳐진다. 아무런 노력도 없다면 아이러니하게도 시간이 흐를수록 스마트 시대에 점점 스마트하지 않게 세상을 살아 갈 가능성이 높아진다.

그런데 과거 디지털 시대와는 달리 스마트 도구들은 조금만 관심을 갖고 들여다보면 충분히 습득하여 얼마든지 자신의 것으로 만들 수 있다.

지레짐작으로 스마트는 어려울 것이라고 생각하여 두려움을 앞세우면 적응하기가 더욱 어려워진다.

생각의 차이만으로도 얼마든지 스마트 시대의 중심에 설 수도 있고 변방으로 떨어져 나갈 수도 있다.

한 마디로 하기 나름이다.

맥아더스쿨에서 코칭을 하다 보면 쉽게 구별되는 것이 바로 이런 차이다. 무슨 대단한 것을 배우고 익혀서 비즈니스에 활용하자는 뜻이 아님을 분명히 알아야 한다.

스마트 도구를 자연스럽게 다룰 줄 안다면 무슨 새로운 도구가 앞으로 생겨나도 전혀 당황하지 않을 수 있다. 이것이 비결이다.

그래서 코치가 필요하다. 코치를 통해 힌트를 얻기만 해도 지름길을 찾을 수 있다.

지름길을 찾으면 많은 시행착오를 줄일 수 있다. 그 다음은 꾸준함으로 몸에 배도록 하기만 하면 된다.

그래서 스마트 에이징은 디지털 에이징보다 오히려 쉽다.

약점을 말하지 말라

말이 씨가 된다

맥아더스쿨에서 스마트폰과 SNS를 이용한 비즈니스 코칭을 하다 보면 자신을 스스로 기계치器械癡라고 하며 약점을 드러내놓고 말하는 분들을 가끔 만나게 된다.

그럴 때마다 자꾸 그렇게 말하다 보면 뇌가 그 말을 진실로 알아듣게 되고, 점점 그런 방향으로 되기 때문에 그러지 않는 것이 좋겠다고 만류한다.

그렇다. 약점을 반복해서 말하면 말이 씨가 된다는 속담처럼 자신이 내뱉은 말을 통해 자신의 뇌가 그렇게 인식하게 되고 점점 약점으로 굳어지게 되는 것이다. 그러므로 강점을 살리되 약점을 드러내지 않는 것이 현명하다.

어느 누군들 약점 없는 사람이 있겠는가?

남아프리카 바벰바 족에 전해지는 일화가 있다.

범죄가 거의 없는 그 부족에 어쩌다 죄를 짓는 사람이 생기면 모든 부족 사람들이 한데 모여 죄인을 가운데 두고 진지하게 한 사람씩 나와서 그 사람이 지난날 잘했거나 좋았던 일을 열거하기 시작하고 어느 정도 시간이 흐른 후 모두가 축제로 마무리를 한다는 것이다.

강점을 살리면 약점이 저절로 없어지는 것을 깨달은 지혜로운 부족이다. 그들에게는 검사도 판사도 배심원도 없다. 그저 한 사람을 귀하게 여기고 그를 사랑하는 마음으로 스스로 자기의 잘못을 뼈저리게 뉘우치도록 하는 것이다.

강점을 살리면 약점은 저절로 사라진다

MBTI나 애니어그램 등과 같은 여러 종류의 성격유형 분석 프로그램이 있다. 그런데 이런 대부분의 프로그램은 외국으로부터 들여온 것인데 국내에서 개발된 컬러 커뮤니케이션color communication 이라는 것이 있다.

이 프로그램은 성격유형을 사계절 컬러로 분류하고 강점과 약점을 파악한 후 약점을 보완하기보다 강점을 극대화하여 소통지수를 높이는 데 목적이 있다.

어린 아이들의 경우는 예외지만 성인은 약점을 보완한다고 하더라도 다른 사람과의 평균밖에 되지 않는다. 그렇기 때문에 이런 노력보다 오히려 강점을 크게 살려 나가는 것이 훨씬 효과적이다.

말의 습관은 무섭다. 습관처럼 "나는 안 돼", "못 해", "힘들어" 하며 부정적인 말들을 자꾸 반복하다 보면 새로운 시도를 전혀 하지 못하고 변화에 적응하지 못하게 된다.

반대로 약점은 잊고 자신의 강점이 무엇인지 발견하고 더 발전하려고 끊임없이 노력하면 점점 강점이 많아진다.

타인에 대해서도 다르지 않다. 특히 리더나 멘토의 입장이라면 부하직원이나 멘티의 강점을 찾아 발견하고 이를 계속해서 알려 주고 계발하도록 도와주어야 한다.

그래야만 그들이 강점을 부여잡고 자신감이 충만하여 무슨 일이든 긍정적으로 힘차게 해 나가는 역량을 키워가게 되는 것이다.

다시 꿈을 꾸는 인생이모작

꿈은 추구하는 것 자체가 중요하다

꿈은 아이들의 전유물이 아니다. 청년들에게만 해당하는 것도 아니다. 인생이모작을 시작하는 사람들에게도 꿈이 있다.

어찌 보면 일모작에서 제대로 꿈조차 꾸지 못하고 잠결에 깨어 보니 어느새 여기까지 와 있더라는 고백은 남의 일이 아니다.

이제 꿈 한 번 반듯하게 꾸어보자. 누가 뭐라고 하건 내 꿈은 내가 꾸어야 한다.

꿈은 변한다. 일모작의 꿈과 이모작의 꿈은 다를 수 있다. 시대와 환경에 따라 얼마든지 달라지는 것이 바로 꿈이다. 남의 꿈을 흉내 내지 말고 내 꿈을 내가 꾸어보자는 말이다.

흔히 우리는 꿈과 목표를 혼동한다. 목표는 꿈을 이루기 위한 방편에 불과하지만 많은 경우 우리는 목표를 꿈으로 오해한다. 그래서 뭔가를 더 많이 가지기만 하면 목표를 이루고 그것이 곧 꿈이라고 생각하며 살아왔다.

목표 넘어 꿈을 바라보아야 한다. 삶의 가치는 목표 달성으로 추구되지 않는다. 꿈을 향해 나아갈 때 인생의 가치도 발견하게 되고 행복을 누릴 수 있다.

송태효 교수는 최근 그의 저서 『영화는 예술인가』에서 "정치가는 하늘을 우러러 한 점 부끄럼 없이 살아왔다고 말하지만 시인은 하늘을 우러러 한 점 부끄럼 없기를 소망하며 살다 갈 뿐"이라고 표현했다.

새 꿈을 꾸자, 내 꿈을 꾸자

목표는 이룰 수 있지만 꿈은 그 꿈을 현실화하기 위한 노력 자체가 소중하다.

소박한 꿈도 좋고 거창한 꿈도 좋다. 다만 자신의 욕망을 채우기 위한 꿈이 아니라 조금이나마 세상을 밝고 아름답고 건강하게 하기 위한 꿈이 되어야 한다.

철없던 일모작 시절을 지나며 수없이 반복했던 실수와 편협함을 던져버리고 나보다는 남을 먼저 생각하는 철든 꿈이 필요하다.

은퇴자들이 가정으로 사회로 쏟아져 나오면서 이들이 여기저기서 끼리끼리 모여 앞으로 무엇을 하고 살아가야 할지 염려하며 계획한다고 한다.

당연히 이런 모임들이 활발하게 이루어져야 한다.

하지만 모여서 뭐니 뭐니 해도 돈을 벌어야 한다고 목소리를 높이면 그 그룹은 오래가지 못한다.

돈도 중요하지만 가치를 먼저 생각하고 어떻게 하면 남은 생을 나보다는 이웃을 위해 도움을 줄 수 있을까를 연구한다면 돌파구를 찾을 수 있다.

그냥 모여 떠들고 먹고 마시는 것보다 작은 일부터 한 가지씩 실천하는 실행력이 우선되어야 한다. 먹고 살기 힘든데 무슨 소리냐고 할지 모르나 일모작에서 했던 먹고 사는 일에 집착한다면 이모작도 일모작과 다를 바가 없다.

인생이모작, 이제 새로운 꿈을 꾸자. 내 꿈을 꾸자.

현명하게 나이 들기

이 칼럼은 월간지 〈CEO 뉴스〉 2013년 12월호부터 연재를 시작한 글이다. 인생이모작을 시작하는 시니어들에게 조금이나마 용기를 불어넣는 데 도움이 될 수 있기를 간절한 마음으로 바란다.

−스티브 생각

나이보다 젊게 살기

인간은 누구나 예외 없이 나이가 든다.

인류 역사 이래 나이가 들지 않은 사람은 없었다.

그러나 최근 들어 특히 고령화가 심각해지는 우리나라에서 나이에 대한 개념이 급격하게 바뀌고 있다.

적어도 30년 전과 비교하면 지금 나이에 70%를 곱해야 한다는 얘기도 이제 일반화되었다.

맥아더스쿨을 작명하면서도 나이 이야기가 나왔다. 1950년 9월 15일 인천상륙작전을 진두지휘했던 맥아더 사령관의 당시 나이가 70세라고 하면 모두 놀란다. 서울대 김태유 교수는 지금 나이로 따져보면 85세에 해당한다고 했다.

그렇다면 어차피 나이 드는 데 있어서 좀 더 현명하게 나이 들어갈 수 없을까? 당연히 길이 있다.

몸과 마음이 언제나 젊음으로 충만해 있으면 된다.

얼마 전 인천의 어느 미용실 원장이 필자가 나이보다 젊어 보인다고 했다. 그래서 왜 그렇게 보이냐고 물었더니 우선 하얀 안경테와 옷차림이 그렇고 스마트폰과 아이패드 등 스마트기기를 잘 다루는 것을 보고 그렇게 생각한다고 했다.

필자는 거기에다 한 가지를 더 붙여 달라고 요청했다. 그것은 언어의 습관이 과거보다는 미래를 얘기하기 때문이라고. 그래서 필자는 과거를 자세하게 열거하는 이력서를 잘 사용하지 않는다.

나이가 60세쯤 되면 동년배의 고교친구들이 모여도 8살 이상 차이가 나 보인다. 56세로 보이는가 하면 64세로 느껴지는 친구들도 있다.

차이가 뭘까? 육체적으로 얼마나 힘들게 살아왔는지 여부도 있겠지만 다분히 정신연령의 차이가 더 크게 작용한다.

겉으로 젊어 보이려면 먼저 내면이 젊어져야 한다.

어릴 때부터 자수성가한 분들은 80세 이상이 되어도 현역으로 뛰는 분들이 많다. 그들은 하루 일을 생각하다 일찍 자리에서 벌떡 일어난다. 그런데 그의 자식들은 부모가 70세를 넘으면 은퇴하고 경영권을 넘겨주기를 바란다.

하지만 일찌감치 은퇴한 사람은 그만큼 빨리 늙어간다. 가능하다면 오래 현역에서 일하는 것이 바람직하다. 다만 말을 줄이고 경청하는 자세를 가져야 한다.

배움은 젊게 사는 또 하나의 비결

젊게 사는 또 하나의 비결은 배우는 것이다.

나이 들어 무엇인가 배우는 것은 그 재미가 쏠쏠하다.

지금까지 몰랐던 것을 배우면서 호기심천국이 되는 것이 젊게 사는 데 아주 좋다. 어린아이가 호기심으로 가득한 눈으로 세상을 바라보듯 나이 들어가면서 호기심으로 똘똘 뭉친다면 세상살이가 훨씬 재미있다.

인생일모작에서 해보지 않았던 일을 시도하는 것도 좋은 방법이다. 바빠서 책을 읽지 못했다면 독서에 열중하고, 외국어를 배우지 않았다면 어떤 외국어든 배우고, 요리를 한 번도 해본 적이 없다면 가족을 위해 요리를 해보는 것도 좋은 방법이다.

『느림의 미학』이라는 책이 있다. 지난 날 격동의 산업화 시대를 지나면서 우리는 철저하게 '빨리빨리'에 길들여져 왔다. 이제는 슬로우 슬로우를 즐기면 어떨까?

조금 천천히 걷고 조금 느리게 말한다고 세상이 뒤집혀지는 게 아니다. 특히 식사를 천천히 하는 것은 어떨까? 필자가 가장 힘들어하는 것은 천천히 식사하기다.

서울 같은 도심에 살면 느림을 경험하기가 무척 어렵다. 지하철을 타도 젊은이들 틈에 섞여 가다 보면 빨라지고 횡단보도를 건너면서도 빠른 걸음을 하거나 뛰게 된다.

조금만 다리가 아파도 겉으로 보기에 아직 젊은 나이인데 기를 쓰고 지하철 엘리베이터를 타려고 줄지어 서 있는 사람들을 많이 본다. 계단을 더 많이 걸을수록 더 건강해질 텐데 한걸음을 걷지 않으려 애쓰고 있으니 안타깝다.

지혜롭게 나이 드는 것은 의외로 간단할지 모른다. 생각을 바꾸고 몸을 조금이라도 더 움직이면 되지 않을까?

게다가 요즘은 스마트폰을 비롯한 문명의 이기들이 쏟아져 나와 나이가 들어도 이런 도구들을 잘 활용하면 얼마든지 젊게 살아갈 수 있다.

고령화가 도래한다고 겁낼 것이 아니라 나이 들어도 건강하게 일하면서 보람 있게 산다면 얼마든지 행복할 수 있다.

고령화를 두려워하지 말고 받아들이면서 이겨나가는 슬기로운 선택이 절실하다.

스마트세상, 들어가 보지 않으면 모른다

모르기 때문에 알 수 없다

아날로그에서 디지털을 지나 이제 바야흐로 스마트시대다.

그런데 우리나라에 이미 4년 전 스마트폰이 등장하면서 스마트세상이 활짝 열렸지만 맥아더스쿨을 진행하면서 아직도 많은 사람들이 스마트시대가 왔다는 것을 모르고 있다는 사실을 알았다.

여전히 2G폰을 사용하거나 통신사들의 활발한 영업으로 손에는 100만 원대의 스마트폰을 들고 있건만 그게 도대체 어디다 쓰는 물건인지도 잘 모르고 있다.

세상을 들여다볼 수 있는 온갖 기능이 그 속에 담겨 있는데도 알지 못하면 아무 짝에도 쓸데없다. 참으로 답답하기 그지없다.

필자는 4년 전 처음 스티브 잡스가 만든 아이폰3가 국내에 상륙했을 때 이게 뭔가 있을 것 같은데 도대체 알 수가 없어서 일단

거금을 들여 사고 말았다.

지금 생각해 보면 그때 과감하게 그런 결정을 내리지 않았다면 필자 역시 지금도 알지 못하고 주변만 서성거렸을 것이다. 생각만 해도 그때 그런 결정을 내린 것이 흐뭇하다.

아무리 좋은 문명의 이기지만 알지 못하면 어쩔 수 없지 않은가? 지금은 꽤 자유자재로 스마트폰과 SNS를 활용하여 비즈니스 홍보 코치를 양성하고 있다. 즐거운 일이다.

적응력이 관건이다

스마트 세상은 그 속에 들어가 보지 않으면 알 수 없다. 긴가민가 망설이다 때를 놓치면 흐름을 쫓아가기가 점점 어려워진다.

스마트폰이 어디까지 진화할지 아무도 모른다. 다시 말하면 지금까지보다 앞으로 더욱 빠른 속도로 새로운 것들이 쏟아져 나오게 마련이다.

결국은 누가 그 흐름을 잘 따라가며 적응력을 키우느냐에 따라 승패가 갈릴 것이다.

과거에는 핵심정보를 움켜쥔 자가 승자였다면 지금은 어느 것이 쓸모 있는 것인지 아닌지를 구분하는 혜안을 가진 자가 진정 승자가 될 것이다.

세상이 아무리 복잡해도 그 모든 도구들은 결국 인간을 위해 만들어지고 사용된다. 세계 곳곳에서 지금 이 시각에도 불철주야 새로운 스마트 하드웨어와 소프트웨어를 개발하기 위해 많은 사람들이 노력하고 있다.

필자 같은 일반인들은 어떤 것들을 갖다 줘도 잘 활용할 수 있기만 하면 된다. 특히 개인의 삶이나 비즈니스에 유용하게 활용하는 노하우를 터득한다면 이보다 더 좋을 수는 없다.

시간은 빨리 흐른다. 스마트 세상도 빠르게 지나간다. 그냥 눈 뜨고 구경만 하다가 시기를 놓치지 말고 지금 당장 스마트세상으로 들어오라. 여기에 밝은 미래가 보인다.

과거를 묻지 마세요

과거를 말하는 것도 습관이다

1958년 나애심은 〈과거를 묻지 마세요〉라는 노래를 불렀다. 한 많고 설움 많은 인생사 과거를 묻지 말아달라는 가사다.

인생이모작을 시작하는 마당에도 "과거를 묻지 마세요"라고 이야기하고 싶다. 일모작에서 무슨 일을 했건 새롭게 이모작을 시작하는데 과거가 무슨 상관이란 말인가.

과거를 묻지 말라고 하는 것은 현재와 미래를 말하기에도 시간이 모자라니 그렇고, 습관처럼 과거를 말하다 보면 환하게 열어가야 할 미래를 보기 힘들기 때문이다.

6070세대여, 이제 과거를 말하지 말자. 미래를 말하자. 부푼 희망과 호기심을 갖고 이모작을 힘차게 시작해보자.

최근 70대 후반의 명예교수 한 분을 만났는데 학교 동창들 모임에 가기가 꺼려진다고 했다. 이유는 대부분 동창들이 모일 때마다 과거를 자꾸 말하다 보니 아직도 건강하고 할 일이 많은데 과거라는 프레임에 갇혀버리게 된다는 것이다.

그렇다. 말이 씨가 된다. 과거를 말하는 사람은 과거에 사로잡혀 살게 된다. 하지만 미래를 계속해서 말하면 우리의 뇌는 미래에 펼쳐질 세상을 그리며 호기심이 발동하고 생각도 말도 행동도 진취적으로 변한다.

이것도 습관이기 때문에 과거를 자주 말하는 사람은 습관의 노예가 되어 버린다.

이제 미래를 말하자

필자에게 강의 요청이 들어오면서 대개 이력서를 달라고 한다. 그럴 때 필자는 맥아더스쿨 교장이라고만 소개하면 나머지는 강의 중에 자연스럽게 필자가 소개하겠다고 했다.

그런데 굳이 과거 이력을 보내달라고 하면 자료를 보내거나 말로 하는 대신 홈페이지를 참조하라고 한다. 그 이유는 과거를 말하거나 다시 스스로 되풀이하고 싶지 않기 때문이다.

과거가 싫어서 그런 게 아니다. 과거가 없었다면 현재의 나와 미래의 나는 존재할 수 없다. 누구보다 필자는 과거를 사랑한다. 과거에 알았던 사람들과 직장이 오늘의 필자를 있게 해주었으므로 감사하고 있다.

그럼에도 불구하고…….

습관은 잘 고쳐지지 않는다. 특히 나이가 들면 들수록 누가 얘기해서 바뀌지 않는다. 스스로 깨닫고 바꿔야 한다.

시간이 많이 걸리겠지만 언젠가는 바뀌리라는 믿음을 갖고 실행에 옮겨야 한다. 친한 사이라면 서로 그런 말을 하지 말자고 격려하는 것도 좋은 방법이다. 마치 금연을 하듯 벌금을 물기로 하고 작정하는 것도 좋다.

과거를 말하지 않는 가장 좋은 방법은 호기심으로 똘똘 뭉쳐 현재와 미래에 집중하는 것이다. 몰입하기를 힘쓰자는 것이다.

책을 가까이 하고 산책을 즐기며 대화를 하되 새로운 감각으로 하고 영화와 드라마도 보고 무엇보다 스마트세상을 경험해보기를 강추한다.

인간관계를 중시하라

이름을 기억하고 불러주자

우리의 삶이든 비즈니스든 가장 중요한 것은 인간관계다. 그런데 산업화 시대를 지나며 우리는 인간관계보다는 목표 지향주의로 살아왔다.

사람보다는 일이 우선이어서 과정이야 어찌 되었건 결과가 좋으면 만사가 좋은 것으로 치부되기도 했다.

그러다보니 수많은 사람들이 상처를 가슴에 품고 살다 끝내 정년이 되어 은퇴를 하고 난 후 그제서야 새롭게 인간관계를 회복해보려 하지만 이미 때가 늦어 버린 것을 깨닫는다.

이것이 바로 비극이다. 사람이 빠진 일 위주의 결말은 반드시 서로에게 상처를 안겨주게 되어 있다.

인간관계 회복을 위해 먼저 상대방의 이름을 기억하고 불러주는 것으로 시작하면 어떨까?

데일 카네기도 〈인간관계론〉에서 이 점을 특히 강조하고 있다. 김춘수 시인은 "내가 그의 이름을 불러 주었을 때 그는 나에게로 와서 꽃이 되었다"고 했다.

이름을 불러 준다는 것은 사랑의 표현이며 배려의 결과다. 이름이 불릴 때 기분 나빠 하는 사람은 없다. 관심을 가지고 이름을 불러주면 누구나 좋아하게 되어 있다.

따지고 보면 그다지 어렵지 않은 일인데 우리는 이를 간과하고 살아왔다. 이제 이모작을 시작하면서 다시금 사람을 중요하게 생각하고 그의 이름을 불러주며 배려하고 사랑해보자.

물건을 팔지 말고 사람을 사라

369법칙이란 게 있다. 사람 사이는 3번 정도 만나야 잊혀지지 않고 6번 정도 만나야 마음의 문이 열리며 9번은 만나야 친근감이 느껴진단다.

좋은 관계를 만들고 싶다면 꾸준하게 연락하고 만나면서 느슨한 관계에서 끈끈한 관계로 발전시켜 나가야 한다.

모임에 나가 보면 한두 번 명함을 주고받았지만 기억이 나지 않는 경우가 있다.

이럴 때 대부분 다시 명함 교환하기를 부끄러워한다. 그럴 필요가 없다. 확실할 때까지 다시 명함을 주고받으면서 이번에는 이름을 외우고 기억해 보는 것이다.

제품이든 서비스든 무엇이든 팔고 싶다면 무엇보다 먼저 사람과의 관계에 초점을 두라.

물건을 팔지 않고 사람을 사는 것이 상도商道라고 하는데 사람을 내 편으로 만드는 일에 몰두해야 한다.

특히 이모작 인생에서는 관계를 통한 네트워킹이 필요하므로 확실한 관계 정립을 위해 꾸준히 노력해야 한다.

내가 먼저 다가가 손 내밀고 도와주고 배려해 주면 반드시 상대방도 고마워하며 나에게 도움을 주게 된다.

조급하게 생각하지 말고 시간을 가지고 지속적으로 좋은 관계를 만들고 유지해 간다면 단언하건대 성공할 수 있다.

변화의 중심에 우뚝 서라

세상이 급변했다는 말을 수시로 듣고 또 한다. 인간이 조금이라도 더 편리해지려고 엄청나게 노력한 결과가 이제 부메랑이 되어 우리를 그야말로 변화무쌍한 시대로 내몰았다.

모든 것이 너무 빨리 변하기 때문에 미처 따라 가기에도 숨이 가쁘다. 어차피 이렇게 변화하는 시대에 이왕이면 끌려 다니지 말고 그 선봉에 서서 리더가 되어 보면 어떨까?

변화하자는 말을 유행 따라 가자는 것으로 오해할 수 있다. 여기서 말하는 변화는 소위 큰 변화를 얘기한다. 아날로그에서 디지털로, 디지털에서 스마트시대로의 변화와 같은 큰 흐름 말이다.

변화의 흐름을 제대로 읽고 느낄 수 있는 능력을 가지려면 먼저 뼈아픈 고뇌와 성찰이 앞서야 한다. 그저 평범하게 살아가는 삶으로는 질풍노도와 같은 변화도 감지하기 어렵다.

미풍에 흔들리는 호수의 물결을 보고도 변화를 예지할 수 있는 혜안을 가져야 한다.

통찰력을 얻기 위한 방편으로 흔히 경험과 책 읽기를 권한다. 전적으로 동의한다. 경험은 다양한 일과 사람을 만나고 좌충우돌 하면서 생겨나지만 인간의 시간적·공간적 제약으로 인해 모든 것을 직접 경험할 수는 없다.

그래서 간접경험을 위한 독서는 필수다. 그런데 스마트시대에 접어들면서 책을 읽지 않는다. 시간이 없다.

왠지 무척 바쁘다. 책을 읽지 않고도 여러 다양한 매체를 통해 뉴스나 가십거리는 듣고 보게 되는데 그것을 마치 사색하여 얻는 통찰력인 것처럼 착각하게 된다.

이것이 비극의 출발이다.

다시 책 읽기로 돌아가자

우리나라는 IT와 네트워크 인프라가 세계 제일이라고 자랑한다. 그러나 이로 인해 얻는 것도 많지만 동시에 잃는 것도 많다.

책을 읽자. 책을 읽고 거기에 머물지 말고 깊이 생각하고 삶과 비즈니스에 적용하여 뿌리 깊은 나무가 되어야 한다.

하루가 다르게 발달하는 기술로 인해 편의성은 더해지지만 갈수록 높아지는 복잡성이 우리 삶의 모든 영역에 영향을 미치기 때문에 이에 대한 대비를 해야 한다.

그저 막연하게 언젠가는 뭔가를 준비해야 한다는 강박관념 정도로는 변화에 성공하지 못한다.

인생이모작, 불과 20년 전에도 입에 오르내리지 않던 단어인데 지금은 아주 익숙한 것이 되었다.

100세 시대는 성큼 우리 앞에 와 있는데 직장에서는 50대 중반에 벌써 퇴직이라니 앞이 캄캄하기만 하다.

바로 이럴 때 그동안 쌓아왔던 경험과 성찰을 발휘해서 새로운 변화를 모색해야 한다. 과거 산업화 시대에 열심히 하기만 하면 국가나 회사가 자신의 삶을 끝까지 책임져 줄 것이라고 생각했던 꿈은 이미 사라진 지 오래다.

이모작인생은 내가 해야 한다. 관점을 바꾸고 생각에만 골몰하면서 걱정하거나 주저하지 말고 실행에 옮기는 액션이 따라야 한다. 배우고 익히고 끊임없이 새롭게 시도해야 한다.

오프라인이든 온라인이든 많은 사람들과 소통하고 만나고 대화하고 배우는 자세가 반드시 필요하다. 작은 것이라도 상대방의 전문성을 높이 인정하고 칭찬하고 배우려는 겸허한 자세를 가진다면 자연스레 사람을 살 수 있다.

사람을 얻으면 천하를 얻을 수 있음은 물론이다.

출발은 나로부터다.

변화는 작은 것부터 시작해야 한다. 읽고 듣고 느끼고 결심하고 실행하고 묻고 또 묻고 그렇게 하는 것이다.

모든 것이 변해도 한 가지 변하지 않는 것은 바로 변화한다는 사실이라고 하지 않던가. 변하자, 바로 지금!

자신을 당당하게 표현하라

표현하면서 스토리를 만들고

인간은 다른 동물과는 달리 말과 행동으로 의사표현을 할 줄 안다. 인생이모작을 시작하면서 자신을 당당하게 표현하는 것은 퍼스널 브랜딩을 위해 반드시 갖추어야 할 덕목이다.

자신을 믿고 격려하며 표현할 줄 알아야 자신만의 브랜드를 만들고 가꾸고 알릴 줄 알게 된다.

여기서 자신만의 브랜드를 알린다고 하는 말은 없는 것을 억지로 만들어 자랑하라는 뜻이 아니다.

아무리 사소하더라도 자신만의 것을 있는 그대로 활용하여 새로운 인생길을 출발하자는 것이다.

왜냐하면 이것이 바로 인생이기 때문이다.

그런데 퍼스널 브랜딩 코칭을 하면서 만나는 많은 은퇴자들은 자기표현에 매우 미숙하다. 말하자면 서툴다.

더구나 왜 자기표현이 필요한지도 모른다.

퍼스널 브랜드가 무엇이며 그것이 인생이모작에서 어떤 역할을 하는지 알지 못한다.

그래서 엉거주춤하고 낯설다. 이모작 인생은 자신의 스토리를 중심으로 시작하는 것이 바람직하다. 스토리는 브랜딩을 위한 아주 좋은 요소이기 때문이다.

세상에 태어나서 적어도 50년 또는 60년 이상을 살았다면 그의 삶의 여정이 어떠했든지 상관없이 그 자체가 자기표현이 가능한 스토리인 것이 분명하다.

자기표현도 자신감이 중요하다

자기표현이 잘 안 되는 이유는 한 마디로 그렇게 해보지 않았기 때문이다. 너무 오랫동안 조직 내에서 직장생활을 하면서 회사를 위해서는 혼신의 힘을 다하면서도 개인은 그냥 묻혀 살아왔기 때문이다.

이제는 달라져야 한다. 떳떳하게 자신을 나타내고 '예스'와 '노'를 분명히 말하고 자신의 길을 가야 한다.

이제까지는 남을 위해 살았다면 이제부터는 자신을 돌아보고 살아야 한다. 이것이 익숙해져야 한다.

시간이 좀 필요할 것이다. 하지만 시간보다 먼저 마음가짐을 달리해야 한다. 스스로 할 수 있다는 자기 확신을 가져야 한다.

자신을 터무니없는 과대망상자로 유도해서는 곤란하지만 그렇다고 겸손으로 포장한 과소평가는 더 위험하다. 이래서는 자신감마저 사라져 버린다.

우리의 삶에서 자신감이 얼마나 중요한지를 안다면 약간의 데코레이션도 필요하다.

당당하게 자기를 표현하기 위해 외모로부터 시작해서 자신을 포장할 줄도 알아야 한다. 마치 여자들이 화장을 하듯 말이다.

눈치 보며 살지 말아야 한다.

"나는 나다. 그래서 어쩔래?"라는 태도가 필요하다.

이모작을 위한 출발에는 걸림돌이 많다. 그 중에서 매사 소극적인 태도는 속히 없애버려야 할 나쁜 습관이다 .

느리게 더 느리게

느림과 게으름은 다르다

우리는 '빨리빨리' 문화에 너무나 오래 젖어 살다 보니 아예 습관이 되어 버렸다. 식사 시간도 짧고 말도 생각도 너무 빠르다.

더구나 요즘 스마트폰까지 이를 더욱 부추겨 조금이라도 늦으면 마치 뒤에서 누가 잡으러 오는 것처럼 안절부절 하기 십상이다.

느림은 곧 패배를 의미하는 것으로 치부한다. 아니다. 조금만 더 느리게 가보자. 인생이모작은 느림으로 출발하자.

느림과 게으름은 다른 것이다.

느림은 행복을 느끼는 것으로부터 출발한다. 정신없이 빨리 달리다 보면 놓치고 지나치는 것이 많다. 차분하게 생각하며 걷는 걸음에서 깨달음이 싹튼다.

결국 인생이모작은 깨달음으로부터 출발해야 한다.

느림에 관한 많은 얘기들이 있다. 책도 많다.

『느림의 미학』, 『느리게 더 느리게』, 『느림의 철학』 등. 하지만 각자에게 맞도록 커스터마이징된 느림이 필요하다.

흉내 낼 수 없는 자기만의 속도 조절이 절실하다.

빠르면 이길 것 같지만 그렇지 않다. 빨라서 좋은 경우도 간혹 있지만 정작 중요한 것들은 놓치기 일쑤다. 동물 중에서 가장 호흡이 느린 거북이는 수백 년을 산다.

호흡의 빠르기와 수명은 분명 상관관계가 있다.

그래서 단전호흡에서는 느린 호흡을 강조한다. 빠른 것만이 능사가 아님을 우리는 지금까지 살아오면서 몸으로 체험했다.

느림은 확실히 중요하다.

느리게 더 느리게, 차분하게 더 차분하게

이모작인생의 출발점에서 많은 경우 조급함을 떨쳐버리지 못한다. 그러지 않으려 애써도 오랜 습관으로 인해 자신도 모르게 마음이 급해진다. 이것을 극복해야 한다.

특히 무엇부터 해야 할까 허둥지둥하다가 실패하는 사례가 너무 많다. 지혜로운 사람은 대체로 차분하다. 촐싹대지 않는다. 여기저기 기웃거리지도 않는다. 작은 일부터 차근차근 한 단계씩 몸으로 익혀 나간다. 이게 빠른 길이며 현명한 방법이다.

식사도 걸음걸이도 느리게 더 느리게 해보자.

올라갈 때 보지 못한 꽃을 내려오면서 본다고 하지 않았던가.

하나라도 소중하게 생각하고 세심히 살피며 그 속에서 행복의 씨앗을 찾아보자.

우리는 너무 빠르다.

언제나 빠른 것을 한참 지난 후에야 알고 후회한다.

앞만 보고 달려온 길을 이제는 느리게 더 느리게 걸어보자.

세상이 뭐라고 하건 나의 길은 내가 가는 것이다. 어느 누구도 대신할 수 없다. 다른 사람 눈치 보지 말고 살자.

수입이 적으면 적은 대로 맞춰 살면 된다. 부족하면 부족한 대로 살면 된다. 다른 길은 없다. 다만 최선을 다하되 자신에게 부끄럽지 않도록 노력하면 된다.

100세 시대이지만 세월의 빠르기는 일모작보다 더하다.

잠깐이면 지나갈 삶을 이제라도 깨달으며 느끼며 사랑하며 살아야 하지 않겠는가.

느리게 더 느리게. 조급하지 말고 차분하게 더 차분하게.

60대의 변신

마음은 청춘인 60대

60대가 변했다.

생각도 변하고 행동도 변하고 특히 외모가 달라졌다.

이번 여름에 다양한 모자를 쓰고 수염을 기르고 개성이 넘치는 옷을 입고 다니는 60대 초반 남자들이 눈에 많이 띄었다.

지난 대선과 총선 그리고 지방자치단체 선거에서 이미 60대는 존재감을 확실히 보여주었다.

이런 60대의 변신은 아주 자연스러우면서도 긍정적이다.

1970년대 말과 80년대 초 직업 일선에 뛰어들던 때는 어느 누구도 예상하지 못했던 100세 시대를 맞이했지만 직장의 정년이라는 룰에 묶여 눈물의 퇴직을 해야 했던 그들이 이제 확연히 달라진 새로운 세상에 눈을 뜨게 되면서 달라지기 시작한 것이다.

왜냐하면 60대라고는 해도 마음은 아직 청춘인데 이대로 물러설 수는 없기 때문이다.

1980년대부터 시작되었던 고도성장의 중심에 서서 불철주야 일했던 그들이 이제는 자신의 삶을 뒤돌아보고 차분하게 이모작 또는 삼모작을 열어가려는 꿈을 꾸고 있다.

오랫동안 잃어버렸던 자신의 꿈을 찾으며 행복해 하는 모습은 마치 천진난만한 어린아이와 같다.

비록 일모작에 비하면 보잘 것 없는 수입이지만 우선 자신이 재미있고 남에게 보람을 주는 꿈을 쫓아가다 보면 진정한 행복을 느낄 수 있다.

꿈이 없다면 남은 생을 무슨 힘으로 살아가겠는가. 소박한 꿈 하나 부여잡고 시작하는 하루가 즐거운 것이다.

생각이 변하면 행동이 변한다. 이런 변화가 외모의 변화까지 가져와 60대의 변신이 눈에 띄는 것이다.

축하받아야 할 60대의 변신

행복은 마음에 있다. 행복은 절대 돈에 있지 않다. 자신의 선택에 따라 언제든 행복할 수 있다는 이 놀라운 비밀을 알아차린 60대가 드디어 변신을 꾀하고 있다.

60대의 변신은 무죄다. 가끔 이런 변신을 못마땅하게 여겨 배우자나 친구들이 핀잔을 주기도 하지만 까짓것 신경 쓸 것 없다.

정작 핀잔을 주는 그들은 자신이 용기를 내어 변신도 해보지 못하면서 아직도 과거에 사로잡혀 변신의 꿈을 꾸지 못하고 있다. 안타까운 일이다.

당당하게 자신을 표현하는 변신은 누구나 할 수 있는 게 아니다. 과감하게 선택할 줄 아는 자만이 가능하다. 선택하려면 포기해야 하다. 당당하려면 주저함부터 버려야 한다.

외모의 변신은 출발에 불과하다.

이것부터 시작해서 서서히 꿈을 퍼스널 브랜딩으로 접목하고 조금씩, 조금씩 가꾸어 가면 된다.

퍼스널 브랜드는 무슨 대단한 일을 해내자는 의미가 아니다. 그저 즐겁고 유익하고 그래서 나중에는 수입도 따르는 일이라면 어떤 일도 좋다.

60대의 변신을 축하한다.

아직 시도해 보지 않았다면 오늘 해보면 어떨까. 처음엔 어색하겠지만 일단 시작하고 나면 이내 적응할 수 있다.

지금 60대는 과거 40대 중반에 해당하는 나이다.

돌이켜 보면 지금 60대가 40대 중반이었을 때 얼마나 역동적으로 살아왔던가.

그 때를 기억한다면 얼마든지 다시 시작할 수 있다.

내 나이가 어때서

나이와 상관없는 인생이모작 준비

인생이모작은 나이와 상관없이 준비해야 한다. 30년 전에는 인생이모작이란 말조차 없었다. 평균수명이 겨우 60세 정도여서 일모작이면 충분했다.

그런데 지금은 상황이 그렇지 못하다. 50대 중후반이나 60대 초에 퇴직하고서도 특별한 사고나 질병이 없다면 90세를 훌쩍 넘기고 심지어 100세까지 살게 된 것이다.

그렇다면 이제는 인식의 전환이 필요하다. 낡은 사고방식을 벗어버리고 새로운 패러다임에 맞도록 적응해 나가야 한다.

게다가 산업화 시대를 지나며 고도성장했던 우리에게도 저성장의 사이클이 어김없이 오고야 말았다. 모름지기 경제란 영원히 초고속 성장만 할 수는 없기 때문이다.

인생이모작은 젊은 나이 때부터 유념해야 하는 중요한 개념이다. 사람은 시대에 맞게, 나이에 적합하게 변해야 한다.

특히 나이가 들수록 호기심을 포기하지 말아야 한다. 호기심이 없다면 나이에 상관없이 노인에 해당한다. 하지만 호기심 천국이 되면 아무리 나이가 들어도 여전히 젊게 살아갈 수 있다.

최근 맥아더스쿨을 통해 퍼스널 브랜딩 코칭 수업을 받는 이들 중에는 40대나 50대도 있다.

이들은 공통적으로 지금 하고 있는 일이 있지만 퍼스널 브랜드가 약하거나 새로운 일을 해보고 싶어 한다.

이것도 분명 이모작을 위한 전前 단계로 이해될 수 있다. 바람직한 현상이다.

나이는 숫자에 불과하다

젊을 때부터 이모작이 반드시 필요하다는 생각을 하게 되면 매사 세상을 바라보는 눈이 달라진다. 지금 하고 있는 모든 일이 예사롭게 보이지 않는다.

무슨 일을 하든지 미래를 향해 움직인다. 과거에 얽매이지 않는다. 이것은 중요한 포인트다. 나이와는 무관하게 미래지향적인 사람이 되어야 한다.

하지만 지금의 50대부터 70대는 과거에 사로잡혀 살아가는 사람이 많다. "내가 왕년에 말이야"를 외치며 지난날 좋았던 기억만

떠올리고 한 발자국도 미래를 향해 내딛지 못한다.

이것은 큰 비극이다.

이미 지나버린 세월을 되돌릴 수 없건만 습관처럼 그렇게 살아서는 안 된다.

나이는 숫자에 불과한 것이다. 78세에 〈청춘〉이라는 시를 쓴 새뮤얼 울만은 두려움을 물리치는 용기, 안이함을 뿌리치는 모험심, 그리고 탁월한 정신력이 있다면 스무 살 청년보다 예순 살이 더 청춘이라고 하지 않았던가.

꿈과 호기심이 없다면 나이에 상관없이 무기력한 노인임에 틀림없다. 요즘 가수 오승근이 부른 〈내 나이가 어때서〉란 가요가 한창이다.

당당하게 내 나이가 어떠냐고 들이대는 정신을 가져보면 어떨까. 남에게 피해를 주지 않는 범위에서 호기 있게 남은 생을 이모작으로 새롭게 출발해 보면 어떨까.

어차피 두 번 살 수 없는 우리 인생이 아니던가.

과거는 잊어라

이모작인생은 과거가 아닌 미래의 삶

새로운 출발을 위해서는 지난날을 빨리 잊어야 한다.

왜냐하면 좋았든지 나빴든지 과거에 사로잡혀 살다 보면 미래지향적인 삶을 살기가 어렵기 때문이다.

우리의 뇌는 우리가 평소 어떤 말을 자주 하는지에 따라 반응한다. 지난 시절을 추억하며 즐기는 것까지는 좋으나 자꾸 반복하여 되뇌다 보면 뇌의 조종에 의해 생각이 바뀌고 행동도 달라진다.

인생이모작을 시작하면서 습관적으로 미래를 이야기하면 호기심도 생기고 삶의 활력이 생겨나게 된다.

말은 쉬워 보이지만 이를 깨닫고 실행에 옮기는 것은 무척 힘들다. 자신이 이런 잘못된 습관과 행동에 젖어 있는지 세밀히 살펴봐야 한다.

인간을 많이 연구한 학자들에 따르면 인간은 공통적으로 어렵고 힘들었던 과거는 잊어버리고 싶어 하고 좋았던 시절은 기억하려는 경향이 있다고 한다.

좋은 기억을 가지는 것 자체가 나쁘다는 의미는 아니다. 그런데 튼튼한 울타리가 있었던 일모작 직장 생활을 그리워하면 이모작 인생을 시작하기 어렵다.

공중을 날아다니다 갑자기 지상으로 추락하여 땅에서 기어가는 것 같은 느낌이 오면 어김없이 자괴감이 밀려오게 된다. 우울해지고 만사가 귀찮아진다. 멘붕이 이렇게 해서 생겨나는 것이다. 일모작 인생의 지난날을 잊고 지금은 새롭게 출발해야 할 때다.

당당하고 꿋꿋하게 살아보자

일모작 직장을 퇴직했다면 이제 현재와 미래를 즐길 차례다. 이모작도 즐길 자세가 되어 있으면 매사가 달라진다.

지금 우리는 30년 전 부모님 세대에 비해 덤으로 사는 것이다. 덤으로 사는 인생길을 고달프게 사는 것은 지금까지 행복하게 살아온 세월을 무색하게 하는 것이다.

당당하게 허리를 펴고 꿋꿋하게 살아보자는 말이다. 돈을 벌어야 한다는 강박관념에 묶여 하고 싶은 일을 평생 하지 못하고 참고 참으며 살아온 지난날이 아니던가.

비록 일모작에 비해 수입은 적을지라도 돈이 행복의 전제조건이 아니기 때문에 먼저 마음부터 행복감에 젖어 살면 자신은 물론 배우자와 가정의 평화도 함께 누리게 된다.

"내가 왕년에…"라는 말을 입에 달고 다니는 사람치고 미래를 꿈꾸며 사는 사람이 없다. 과거에 만났던 사람들과 직장과 나라와 가족을 사랑하는 마음을 가슴에 품고 살면 오늘의 자신이 얼마나 자랑스럽고 믿음직한지 모른다.

세상에 태어나 남들처럼 그럴싸하게 이름을 크게 날리지는 못해도 건강하고 행복하고 멋지게 살다가 조용히 사라지는 것이 성공한 사람의 뒷모습이다.

한 세상 살면서 쓰레기만 잔뜩 남기고 가는 대신 그래도 저 사람을 보면 행복해 보인다는 말을 듣는다면 그것으로 충분하다.

과거는 흘러갔다. 다시 오지 않는다. 더 이상 지난날에 살지 말고 미래를 향해 활짝 창문을 열어보자.

행복지수를 높여라

분자는 높이고 분모는 낮추기

　행복이란 어디까지나 주관적이다. 어느 누가 감히 다른 사람을 두고 행복하다거나 그렇지 못하다거나 판단할 수 있겠는가.

　가진 것이 많다고 반드시 행복한 것이 아니라는 사실쯤은 이제 누구나 알고 있다. 일상에서 당신은 행복하냐고 묻기가 쉽지 않지만 그래도 불쑥 이런 질문을 받았을 때 그렇다고 자신 있게 대답하려면 준비가 필요하다.

　그래야 조건반사처럼 어느 순간에도 당당하게 행복하다고 말할 수 있다. 행복지수를 높이려면 먼저 행복지수가 무엇인지 알아야 한다. 통계청장을 지낸 오종남 유니세프 사무총장은 행복지수란 가진 것을 바라는 것으로 나눈 것이라고 했다.

　공감이 가는 얘기다. 여기서 그는 행복지수를 높이려면 분자를 높이거나 분모를 낮추면 된다고 했다.

사실 욕심을 분모에서 조금만 줄여도 행복지수가 높아질 수 있는데 이게 말처럼 그리 간단치 않다.

GDP가 겨우 2,000달러인 부탄이라는 나라의 행복지수가 세계 8위라고 하니 소득이 많다고 반드시 행복하다고 말할 수 없는 것은 확실하다.

그러면 과연 무엇이 우리를 행복하게 하는가.

뭐니 뭐니 해도 몸보다 마음이 풍요로워야 한다. 마음이 행복하려면 생각을 바꿔야 한다. 많이 가지는 것으로 행복할 수 없기 때문에 존재 자체로 인해 행복감에 젖어들 수 있어야 한다.

감사하고 긍정하면 행복해진다

감사하는 마음이 있으면 행복하다. 사소한 일에도 감사가 넘치면 행복은 계속해서 그곳에 둥지를 튼다.

할 일이 있으면 행복하다.

수입의 크기와 상관없이 매일 아침 눈을 떠서 하루하루 할 일이 있는 것만으로도 얼마든지 행복할 수 있다.

단순하게 살면 행복하다. 우리 삶이 무척 복잡해 보이지만 심플할수록 더 행복한 법이다.

조급하지 않고 느긋하면 행복하다. 바쁘지 않으려 노력하면 행복이 찾아온다. 지하철이나 횡단보도에서 천천히 다녀보면 훨씬 행복하다.

허리를 펴고 하늘을 보고 들에 핀 꽃을 보면 행복하다. 절대 빈곤에서는 대부분 벗어났으니 조금만 달리 생각하면 얼마든지 행복에 다가갈 수 있다.

이렇게 보면 행복하기가 그다지 어렵지 않다.

행복하려면 몸보다 마음이 먼저 행복해야 한다.

할 일이 있으면 행복하다. 심플해지면 행복하다. 급하지 않고 느긋하면 행복하다. 매사에 긍정적인 마인드를 가진다면 세상이 살만해진다.

이런 것들이 습관이 되면 행복이 늘 우리 곁에 자리 잡는다.

행복지수를 높이려면 욕심을 내려놓고 소유보다 존재에서 행복을 찾으라. 지금 행복하지 않으면 영원히 행복할 수 없다.

과거는 이미 흘러갔으므로 내 것이 아니고 미래를 아직 오지 않았기 때문에 장담할 수 없기 때문이다.

결국 지금 이 순간 어떻게 생각하고 만족하느냐에 달려 있다.

당신은 지금 행복한가.

인생이모작, 긴장감을 즐겨라

스트레스와 긴장감

스트레스가 만병의 근원이라고 한다. 하지만 적당한 스트레스는 삶의 활력소가 된다. 긴장감은 스트레스의 다른 표현이다.

적당한 긴장감은 수명까지 연장해 준다. 인간은 어느 누구도 긴장감 없이 살 수 없다. 생로병사를 필연적으로 겪으면서 이를 피해갈 사람은 지구상에 단 한 명도 없다.

그렇다면 긴장하며 살지 말고 차라리 즐기면 어떨까. 피할 수 없다면 즐기라고 하지 않았던가?

얼마 전 동유럽여행 중 가이드가 이런 말을 했다.

지구 70억 인구 중에 추운 나라 사람들이 더운 나라 사람들보다 오래 산단다. 왜냐하면 더운 나라 사람들에게는 추위에 대한 긴장감이 없기 때문이란다.

더운 지방에 사는 사람들은 의식주에 대한 긴장감이 덜하다. 가벼운 옷으로 1년을 지나고 여기저기 달려 있는 열매를 따먹고 웬만큼 비만 피하면 잠잘 곳이 많다.

듣고 보니 맞는 말이다.

사계절이 뚜렷한 우리나라의 경우는 철따라 옷을 바꿔 입어야 하고 천연자원이 부족해서 먹고사는 문제로 언제나 걱정하고 한여름을 제외하면 집 없이 바깥에서 잠잘 수 없다.

그래서 우리나라와 일본은 최장수국에 꼽히는 걸까. 아무튼 여유 있는 삶의 태도를 가지려면 언제든 불쑥 찾아오는 긴장감을 외면하거나 피하지 않고 즐기는 것이 현명하다.

긴장감을 즐기는 인생이모작

따지고 보면 우리 일상에서 긴장감은 늘 우리를 따라다닌다. 의식을 하건 하지 않건 항상 우리 곁에 머물고 있는 긴장감을 어떻게 극복하느냐는 오롯이 생각하기 나름이다.

골프 경기를 보면 우승을 많이 하는 선수들은 얼굴에 평화가 깃들어 있다. 우승하기 전에도 그렇지만 우승한 뒤에도 스트레스는 더욱 큰 부담으로 다가온다.

그럼에도 불구하고 언제나 만면에 여유 만만한 웃음을 띠고 즐기며 경기를 운영하는 모습에서 갤러리와 시청자들도 함께 즐거움을 누린다.

시합 전후 인터뷰를 하면 상위 우승 후보들은 하나같이 스코어에 연연하지 않고 게임을 차분하게 즐기겠다고 말한다. 긴장감을 즐기는 것이다.

인생이모작은 대단한 삶의 전환기다. 결코 가벼울 수 없는 사안이지만 걱정한다고 어려운 일이 술술 풀리지 않는다. 매사 긍정적인 마인드로 무장하고 누구를 만나든 무슨 일을 시작하든 긴장감을 감사함으로 받아들이고 즐기는 자세가 필요하다.

이것은 타고난 성격으로 되지 않는다. 인생 후반부를 시작하면서 이제까지 겪었던 삶의 여정을 통해 깨달음이 있었다면 누구나 긴장감을 즐길 수 있다.

즐기려면 두말 할 필요 없이 습관이 되어야 한다. 긴장감을 어떻게 자신의 습관으로 만들 것인가를 고민해야 한다. 왜냐하면 저절로 그렇게 되는 법은 없기 때문이다.

이모작인생을 시작하는 여러분은 나름대로 긴장감을 즐길 준비가 되어 있는가.

절제의 유익

절제란 무엇인가?

절제節制란 사전에서 찾아보면 방종하지 않도록 자기의 욕망을 이성으로 제어하는 것이라고 되어 있다.

단순히 하고 싶은 것을 참는 것이 아니라 지나침을 경계하는 단어로 이해할 수 있다.

그런데 이런 지나침을 적절하게 컨트롤하면 여러 가지 유익이 우리에게 생긴다. 그 중에서 특히 장수의 축복이 돋보인다.

장수는 그냥 오래 사는 것이 아니라 건강하게 오래 사는 것이다. 인생이모작을 시작하려면 먼저 정신은 물론이지만 몸이 건강해야 한다.

우리 육체는 식사와 생활 습관이 큰 비중을 차지한다. 식사를 구별하고 몸을 부지런히 움직이면 건강한 몸을 가꿀 수 있다.

얼마 전 잠실역 부근에 강연하러 갔는데 정말 깜짝 놀랄 만한 상황을 목격했다.

필자의 강연 직전에 연세대 김형석 명예교수가 강연을 하고 있었다. 담당 직원의 안내로 강연자 리스트를 작성하다가 김 교수가 1920년생인 것을 보았다.

눈을 의심하고 다시 보았는데 분명히 그랬다. 그렇다면 우리 나이로는 95세가 아닌가.

필자가 강연 종료 25분 전에 도착했는데 강의장 한복판에 서서 강연을 한 후 당당하게 걸어서 엘리베이터를 타러 가는 김 교수를 바라보며 인생 100세 시대를 다시 한 번 절감했다.

그리고 얼마나 김 교수가 자기 관리를 철저하게 했는지 미루어 짐작하고도 남았다.

김형석 교수와 피터 드러커의 노익장

경영의 구루(guru, 정신적인 스승)였던 피터 드러커는 65세부터 95세까지 약 30년 동안 책을 썼다는데 김형석 교수는 책은 물론이고 지금도 저렇게 강연을 할 수 있다니 정말 대단했다.

나이가 들면서 식습관을 자제하고 꾸준하게 몸을 움직이는 것은 그리 쉬운 일이 아니다.

타고난 체질도 분명히 도움이 되었겠지만 그보다 후천적으로 자기 절제를 통한 유익이 고스란히 자신에게 돌아온다는 좋은 교훈을 그를 통해 생각하게 된다.

결국 핵심은 자기관리를 위한 절제가 아닌가. 흔히 말하는 행복이란 절제의 유익에서 오는 것이 아닐까. 아무튼 새삼 김형석 교수의 건강 유지는 우리로 하여금 여러 가지 생각을 하게 한다.

"길지 않은 세상, 뭘 그리 아등바등 절제하며 사느냐?"고 말하는 사람들이 있다. 그냥 한 세상 둥글둥글 좋은 게 좋다고 그리 살아가자고 유혹하는 목소리가 더 크게 들린다.

하지만 한 번 절제의 유익을 맛본 사람은 좀체 양보하려 들지 않는다. 세상이 아무리 변하고 주변에서 온갖 소리가 들려도 묵묵히 자기 길을 걸어가는 것이다. 그러다 보면 몸도 마음도 시나브로 행복감에 푹 젖을 수 있다.

참 오래 살아 왔다 싶지만 아직 가야 할 길이 꽤 남아있는 100세 시대에 조금씩 자기만의 방식으로 절제하며 살아보면 어떨까. 누가 뭐래도 나의 길은 내가 스스로 만들어 간다는 그런 생각으로 말이다.

직장도 학교다

퇴직이 아니라 졸업을 하는 직장

직장은 학교다. 무슨 소리냐고 할지 모르지만 직장은 단순히 일을 하고 그에 대한 대가인 임금을 받는 곳이 아니다.

황인선 작가는 그의 저서 『틈』의 프롤로그에서 직장 25년을 졸업했다고 썼다. 이런 표현은 처음 보고 듣지만 그의 말에 전적으로 동감한다.

직장은 분명 학교다. 어릴 때 학교는 수업료를 내며 주로 이론을 배웠지만 직장은 고맙게도 오히려 월급을 받으며 체험하며 배우는 현장 학교다.

일모작 직장에서 퇴직했다면 그것이 졸업이며, 다음 단계인 이모작 학교에 입학한다고 보면 된다.

일모작에서 배운 많은 것들을 하나씩 적용하며 살아가는 것이

지혜로운 방법이다.

이런 깨달음이 있기 전에는 필자도 그저 직장은 생존을 위해 열심히 일하고 그에 상응하는 대가를 받는 것으로 생각했다.

하지만 지금 와서 돌이켜 보면 오늘의 내가 있기까지 거쳐 온 직장이 얼마나 소중한 지식과 경험과 지혜를 제공해 주었는지 그저 고맙기만 하다.

그때 만났던 수많은 사람들은 나의 인격 형성에 도움이 되었고 세상을 살아가는 휴먼 네트워킹에 지대한 영향을 주었다.

그때 출장으로 여행했던 국내외 도시들은 소중한 추억으로 고스란히 남아 있다. 어쩔 수 없어서 배웠던 외국어가 지금은 어떤 외국인을 만나건 또는 외국에 여행을 하건 생활 속에서 피와 살이 되고 있음은 물론이다.

배우고 익히고 나누는 학교

특히 다양한 외국인들과의 직장 생활은 다문화를 자연스럽게 받아들이고 삶의 관점을 폭넓게 하는 데 크게 기여했다.

그래서 이제는 당당하게 누구에게나 말한다.

나는 너무 과분한 혜택을 직장이라는 학교를 통해 받았다고. 그러므로 이제는 다른 사람들에게 유익한 영향력을 나눠주며 그 혜택을 돌려줘야 한다고.

삶이란 이런 것이 아닐까. 인생이모작은 또 다른 학교다. 여기서 배우고 익혀 실천하며 언젠가 졸업을 하게 될 것이다.

아니 더 이상 일을 할 수 없을 때가 되면 그제서야 빛나는 졸업장을 받게 될 것이다.

배우고 익히고 나누자. 이것이 학교생활을 하는 학생의 태도다.

퇴직하지 말고 졸업하자. 이미 퇴직한 사람들은 더 이상 퇴직이나 은퇴란 용어를 사용하지 말고 졸업이란 단어를 쓰자.

아직 직장에 몸담고 있다면 학교라고 생각하고 지금 처한 환경에서 열심히 배우고 익히고 도전해보자.

그러다 기회가 오면 당당하게 졸업하고 상급학교인 인생이모작 학교로 입학하자. 이모작 학교에서는 배우는 일보다 익히고 적용하는 일이 더 많을 것이다.

세상이 아무리 복잡해도 학생은 단순하다.

학생의 본분은 배우고 익히는 것이 전부다.

겸손하게 더 배우고 익히는 것이야말로 세상을 더욱 단순하면서도 지혜롭게 살아가는 길이다.

성공은 과정이다

무엇이 성공인가

성공이란 뜻하는 바가 이루어지는 것을 말한다.

당신은 성공했는가 하고 물으면 대부분 아직 성공을 향해 가고 있다고 대답한다.

그런데 사회적으로 어느 정도 위치에 있거나 무엇을 이루었음을 보면서 저 사람은 성공한 사람이라고 한다.

과연 이게 맞는 말인가?

성공했다고 자부하고 모두가 존경하며 여러 포럼에 초대되어 성공사례를 발표한 사람들 중에 지금은 흔적조차 찾기 힘든 사람들이 더러 있다.

성공은 궁극적인 목표에 도달하기 위한 과정이다. 그러므로 목표에 이르기 위한 작은 성취를 성공이라 불러야 한다.

이는 당신은 행복한가 하는 질문과 비슷해 보이지만 성공은 분명히 다른 의미를 가지고 있다.

문제의 핵심은 다른 사람이 성공했다고 인정하는 것보다 스스로 성공에 대한 개념을 명확하게 잡지 않으면 혼란에 빠지기 쉽다는 데 있다.

행복이 소유의 유무에 있지 않듯이 성공도 한 사람이 생을 마감해 보지 않으면 알 수 없는 것이다.

물론 우리는 작은 성공이나 실패를 통해 동기유발을 하고 다시 새로운 목표를 향해 노력하게 된다.

하지만 자칫 성공이라는 자만심에 빠지면 마치 스스로 무엇인가를 이루었다는 착각 속에 눈앞에 보이는 것이 없어지고 목에 힘만 잔뜩 들어가 그나마 이루었던 작은 성공마저도 허공에 날려 버리고 만다.

믿기 어렵겠지만 이런 일은 우리 주변에 비일비재하다.

성공과 실패는 일상의 한 부분들

그렇다면 과연 성공은 어떤 눈으로 바라보며 이해해야 할까.

먼저 겸허하게 작은 성공을 자축하되 절대 자만심에 사로잡히지 말아야 한다. 그럴 때일수록 더욱 분발하여 최종 목표를 향해 발걸음을 내디뎌야 한다.

초대를 받아 강연을 할 때도 철저하게 성공했다는 표현을 마다

하고 작은 프로젝트를 이룬 것에 불과하다고 얘기해야 한다.

성공과 실패는 일상의 한 부분이기 때문이다.

그러나 생각처럼 이렇게 하기가 쉽지 않다.

성공했다고 자꾸 칭찬을 계속해서 듣다보면 자신도 모르게 착각 속에 빠져들게 되는 것이 인간이다. 이런 유혹에 빠지지 않으려면 대단한 각오가 필요하며 습관이 되어야 한다.

성공은 누구나 하고 싶어 한다. 그리고 욕망이라는 늪에 갇혀 어쩔 수 없이 성공을 부풀리며 내세우고 싶어 하는 것이 인간의 본성이다. 그래서 실패를 오히려 계급장처럼 내걸고 살아가는 것이 경각심을 지속할 수 있는 좋은 방편이 된다.

가끔 포럼에 참석해보면 지나치게 자신을 포장하며 성공을 내세우는 강연자를 보게 된다.

그러나 내공이 살아있지 않으면 조만간 바닥이 드러나 고갈되고 자취마저 사라져 버린다.

생각을 바꿔보자.

작은 성공은 누구나 하는 것이다. 그보다 자신의 최종 목표가 무엇인지 방향감각을 잃지 않는 것이 중요하다.

당연하지만 작은 성공을 자축하는 것도 필요하다. 그러나 휩쓸리지 말아야 한다.

골든타임

골든타임에 대한 인식이 삶의 태도 좌우

'골든타임'이라는 의학용어가 있다. 병원에서 '생과 사를 오가는 환자의 목숨을 다투는 시간'이란 뜻이다. 방송에서는 시청률이 가장 높은 시간대를 의미한다.

그러면 내 인생의 골든타임은 언제일까?

이런 말이 있다. 오늘이 나의 남은 날 중 가장 젊은 날이라는 것. 이렇게 본다면 내 인생의 골든타임은 바로 오늘이 아닐까?

그런데 이런 질문을 하면 50대 이후 대부분의 사람들은 자신의 골든타임이 이미 지났거나 아직 오지 않았다고 대답한다.

그래서 발상의 전환이 필요하다.

자신의 골든타임을 어떻게 설정하느냐에 따라 오늘의 삶이 달라지기 때문이다.

지나간 과거는 다시 올 수 없고 닥쳐올 미래는 어떻게 될지 모르는 것이 우리의 삶이라면 지극히 당연하게도 지금 이 순간이 자신의 가장 소중한 골든타임이라고 해야 맞을 것이다.

이렇듯 우리는 어떤 생각을 갖고 세상을 살아가느냐에 따라 겉으로 보기에는 별반 차이가 없어 보여도 그 속을 자세히 들여다보면 전혀 다른 삶을 살아가는 사람들이 의외로 많다.

특히 인생이모작에 대한 생각도 예외가 아니다.

아직 50대 후반이거나 60대 초반인데도 일모작 직장을 퇴직하고 새로운 삶을 살기 위한 노력을 전혀 하지 않는 사람들이 많다.

그런가 하면 한동안 고민하다가 내외의 주변 환경이 여의치 않음을 알고 그냥 주저앉아 버리는 사례도 더러 있다. 아직 마음과 몸은 건강하고 젊은데 생각만 노인이 된다면 남은 삶은 피폐해지게 마련이다.

지금 이 순간이 바로 골든타임

모든 것이 순조롭고 원하는 대로 이루어지는 때를 골든타임이라 생각한다면 아주 큰 착각이다.

우리의 삶 속에서 과연 얼마나 만족해야 그때를 골든타임으로 인정할 수 있을까?

이기적이고 끊임없는 탐욕의 유혹에서 벗어나지 못하면 결코 그런 날은 오지 않을 것이다.

겸허하게 현실을 받아들이고 작은 일에 행복감을 느낄 수 있어야 진정한 골든타임도 누릴 수 있지 않을까?

평생 만족하지 못하고 전전긍긍하며 살다 가는 삶처럼 안타까운 경우가 어디 또 있을까?

누구와도 비교하지 않고 하루하루 감사하고 만족하며 산다면 그때가 바로 골든타임이다.

그렇다. 우리의 삶은 우리의 생각과 행동에 달려 있다.

지금까지 더욱 높은 곳으로 올라가기 위해 자신을 계속 채찍질해 왔다면 여기쯤에서 잠깐 멈추어 서서 되돌아보고 숨 고르기를 한 번 해야 한다.

그런 다음 오늘이 골든타임이라고 생각하고 어떻게 하면 이를 내 인생에서 효과적으로 지속할 것인가를 생각하며 살아가는 것이 현명한 길이다.

아직 오지 않은 미래를 두려워하거나 불안해하지 말고 주어진 시간을 아끼고 소중하게 다룰 줄 안다면 얼마든지 자신의 골든타임을 만끽하고 살아갈 수 있다.

골든타임은 이미 지나지도 않았고 앞으로 올 것도 아니다. 지금 이 순간이 바로 골든타임임을 기억하고 살아보자.

느리게 살자

다이어트의 비결은 천천히 씹어 먹기

빨리빨리 병은 쉽게 고쳐지지 않는다.

특히 어릴 때부터 몸에 배어 버리면 평생 끌려가듯 그렇게 살아가게 된다.

좀 더 느리게 살자. 느려 터져보자.

특히 식사할 때 천천히 먹어 보자.

일상에서 빠른 것과 느린 것을 비교하면 느린 것이 훨씬 유익하다. 그럼에도 불구하고 우리는 지난 수십 년을 너무 빠른 것에 익숙해져 버렸다.

이제 멈춰 서서 혹시 빠르게 살다 놓친 것이 없는지 살펴보자. 순식간에 지나가 버리면 우리 눈에 보이지 않는 것들이 걸음을 늦추면 확연하게 보인다.

한 마디로 앞만 보고 미친 듯이 살아 왔으니 이제 그만하자. 그만 미치자.

다이어트 전문 한의사 이원범 원장은 식사할 때 절반을 우선 덜어내고 천천히 씹어 먹으면 포만감이 우리 뇌로 전달되어 다이어트가 저절로 된다고 한다.

무조건 양을 절반으로 줄이고 식사 시간을 최소한 15분으로 늘리면 비만을 다스릴 수 있다는 것이다.

평소 우리 식사 시간이 10분도 채 걸리지 않는 경우가 많다. 이렇게 쉬운 방법을 알지만 실천하지 못하면 의미가 없다.

필자도 과체중인데 이렇게 해보려 애쓰지만 매번 실패한다. 잠깐 방심하면 어느새 음식을 목구멍으로 넘겨버리고 만다. 그리고는 후회한다. 이런 사람이 필자만이 아니라는 건 확실하다. 다른 사람들과 함께 외식 할 경우는 더욱 심하다.

잔박이 모여 대박 된다

사람들은 인생이모작에서 대박을 터트리려고 조급해 한다. 주위에서도 부추긴다. 만나면 인사가 "대박 나세요"다.

하지만 대박을 원하다 쪽박을 찬다. 급하면 앞이 잘 안 보인다. 그러면 의사결정을 할 때 크게 흔들리게 된다.

잔박을 계속하다 보면 대박이 된다. 잔박은 작은 성공을 말한다. 필자가 자주 쓰는 표현이다. 평소 잔박을 위해 꾸준히 노력하면 자신도 모르는 사이에 대박이 눈앞에 펼쳐진다.

　직장 생활을 오래한 분들을 만나보면 공통적으로 겉으로 표현은 잘 안 하지만 대박에 목말라 하는 분들이 꽤 있다.

　천 리 길도 한 걸음부터인데, 한 번에 모든 것을 이루려 한다. 당연히 무리가 된다.

　느림의 미학을 생각해보라.

　느려서 나쁜 것보다 좋은 것이 훨씬 많다. 식사가 그렇고 골프 스윙이 그렇다. 우리 삶도 그렇다.

　과욕을 부리지 않고 자연스럽게 느림을 만끽하고 살면 평소 보이지 않던 것들이 눈에 보이기 시작한다.

　필자의 경험으로는 느리게 사는 것은 상당한 연습이 필요하다. 그래서 필자는 횡단보도를 저만치 눈앞에 두고 신호등이 바뀌면 다음에 건넌다.

　지하철도 이번 열차가 복잡하면 다음 열차를 탄다.

　나름 열심히 했지만 오늘 이루지 못했다면 내일을 기약하며 크게 숨을 쉬어본다.

　어차피 주어진 한 세상 살면서 아등바등할 필요가 없지 않은가?

제4부
이모작 인생,
창직이 답이다

시니어가 스마트smart하게 살아가기

시니어에 맞는 뉴비즈니스를 만들어야

해마다 엄청난 숫자의 베이비부머baby boomer 시니어senior들이 퇴직을 한다.

대한민국 산업화 시대의 막내 격인 50대 후반들이 지금까지 앞뒤 돌아보지 않고 일하던 직장을 떠나 가정으로 돌아오고 있다.

고도성장과 고용 없는 성장의 시대도 어느덧 지나고 저성장 시대로 접어들면서 조기 퇴직이 일반화되고 퇴직 후에는 마땅히 할 일을 찾기가 점차 힘들어지고 있다.

국가에서는 청년실업 문제에 골몰하느라 시니어 실업 문제는 아젠다agenda에도 넣지 못하고 있는 실정이다.

결국 시니어들이 스스로 새로운 일자리를 찾아야 하는 절박한 상황에 봉착해 있는 것이다. 100세 시대를 살면서 50대 후반에 퇴직을 한다면 40년 이상을 더 살아야 하는데 실상 그 이전 40대 후반이나 50대 초반 퇴직자들은 훨씬 더 오래 살아야 한다.

그러므로 시니어는 스마트하게 살아야 한다. 여기서 스마트는 똑똑하다는 뜻이 아니다. 무엇이 새로운 일자리인지 살펴 시니어들에게 맞는 뉴 비즈니스new business를 만들어보자는 뜻이다.

지난 10여 년간 고성장 엔진이 멈춘 후 우리나라에도 직업이 세분화되고 지금까지 듣지도 보지도 못한 새로운 분야의 직업이 많이 생겼다.

그래서 가까운 직업평론가의 말을 빌리자면 직업 전문가도 알지 못하는 새로운 직업이 꽤 많이 생겨났다고 한다.

시니어의 새로운 직업 중에는 젊은이들이 도저히 흉내 낼 수 없는 것들이 많다.

그 중에서 소상공인, 중소기업, 개인사업자, 청년창업자, 문화예술인 등을 위한 실무 비즈니스 코칭coaching이 대표적인 예다.

먼저 봉사와 희생의 마음가짐이 있어야

시니어들이 이런 뉴비즈니스에 적응하려면 우선 지금까지 자신이 어떤 직업에 종사했든지, 어떤 기술과 역량을 가지고 있든지 상관없이 새로운 변화에 쉽게 적응하는 마음가짐이 가장 중요하다.

아직 한 번도 해보지 않았으니 나는 할 수 없다고 하는, 스스로의 장벽을 없애는 일이 가장 우선해야 할 일이다.

그런 다음 스마트시대에 걸맞은 스마트폰과 SNS로 무장하고 자신의 주위에 있는 사람들에게 비즈니스 코칭을 하자는 것이다.

코칭은 감 놔라 밤 놔라 지시하거나 이론적으로 이러하니 알아서 해 보라는 식이 아니다.

1대 1 코칭은 어떤 사안에 대해 함께 고민하고 방법을 찾고 실행에 옮기면서 시행착오를 줄여 나가는 것이다.

그렇게 해서 결국 코칭을 받는 사람이 스스로 일어설 수 있을 때까지 모든 과정을 도와주는 것이다.

시니어의 장점은 풍부한 경험과 지식과 인맥이다.

하지만 시니어의 가장 큰 단점은 너무 간섭을 많이 하거나 적절치 않은 코칭 비용을 요구하는 것이다.

일단 시니어는 수입보다는 봉사의 태도가 마음속에 깊이 자리 잡아야 한다. 진심으로 코칭 대상자의 비즈니스가 코칭을 통해 큰 도움을 받을 수 있도록 자신은 어느 정도 희생을 감수해야 한다.

이렇게 하면 비즈니스가 점차 나아지면서 코칭을 하는 시니어의 포트폴리오portfolio도 늘어나게 마련이다.

한 마디로 조급해서는 안 된다. 지난 3년 동안 필자의 경험으로는 스마트폰과 SNS를 통해 생산성이 괄목할 만하게 높아진 대상자들이 많아졌고 코칭 대상자 수도 50여 개에 달하면서 만족도가 매우 높아졌다. 그래서 희망을 보게 된 것이다.

시니어들이여, 이제 어깨를 활짝 펴고 스마트하게 새 출발해 보자. 파이팅^^

고령화 문제는 고령자들이 풀어야

5060세대가 스스로 해결해야 할 고령화 문제

이미 고령화와 저출산이 시대의 이슈로 떠올랐다.

이 두 가지가 겹치면서 급격한 생산성 저하로 이어지고 과연 우리나라가 앞으로 어떻게 될 것인가를 두고 모두가 걱정하고 있다.

특히 세계경제가 침체기에 접어들고 동시에 베이비붐 세대가 본격적으로 은퇴를 하게 되면서 해마다 고령층으로 진입하는 인구가 점점 늘어나고 있다.

국가 예산도 올해 전체 예산 중 거의 30%가 복지예산인데 이 중 상당부분이 노인복지에 쓰이고 있다. 이렇게 국민의 세금으로 예산은 만들어지지만 정작 5060세대를 위한 생산적인 일자리 창출까지는 연결되지 못하고 있는 실정이다.

고도성장으로 한강의 기적을 만들었던 대한민국은 이제 고령화라는 덫을 슬기롭게 헤쳐가야만 한다.

역설적으로 들리겠지만 고령화 문제는 베이비부머를 포함한 5060세대가 풀어나가야 한다.

지금의 30~40대나 젊은이들에게는 고령화 문제가 그다지 심각하게 받아들여지지 않는다. 왜냐하면 아직 그들에게 고령화란 피부에 와 닿지 않는 남의 일처럼 느껴지기 때문이다.

예전과 달리 지금의 5060세대는 비록 직장에서는 은퇴했다고 하지만 아직 비교적 육체적으로 건강하고 일에 대한 의욕도 남아 있으며 책임감도 젊은이 못지않다.

사회보장제도가 미흡한 우리로서는 고령화 이슈의 당사자인 5060세대가 이 문제의 중심에 서서 온 몸으로 헤쳐 나가야 한다.

많은 사람들이 정부와 국회가 나서서 해결해야 한다고 하지만 불행스럽게도 그럴 가능성은 희박하다.

정부나 국회도 결국은 그들의 호주머니에서 재원을 마련하는 것이 아니라 국민의 세금으로 해결할 수밖에 없기 때문이다.

일이 있고 남을 도와야 행복할 수 있다

우선 5060세대는 마음자세부터 바꿔야 한다. 지난 일은 모두 잊고 꿈과 호기심으로 똘똘 뭉쳐 아직 무슨 일이든 할 수 있다는 자신감을 가지고 새롭게 출발해야 한다.

당연히 인생이모작을 시작해야 한다.

최고의 행복은 일자리를 가짐으로써 누릴 수 있다는 간단한 진리를 잊어버려서는 안 된다. 인간은 누군가의 도움을 받기보다 누군가를 도울 수 있을 때 행복을 만끽하게 된다.

인생 100세 시대를 살면서 아직 긴 세월이 있다고 남아 있다고 생각하고 스스로 일을 찾아 나서야 한다.

물론 사회보장제도가 하루 속히 준비되는 것이 바람직하지만 국민소득 2만 달러 시대에서 오랫동안 멈추고 있는 우리의 현실로서는 짧은 시간 내에 사회보장제도가 제대로 자리 잡기는 어려울 것이다.

아니 혹시 그런 날이 온다고 해도 행복을 추구하는 인간이라면 그것보다는 스스로 노력하여 얼마라도 수입을 창출하고 일과 휴식을 통해 보람을 느끼고 사람답게 살아가는 것이 더욱 중요하다.

다행스럽게 스마트폰을 위시한 스마트기기와 네트워크가 절묘한 타이밍으로 우리 곁에 와있다. 이런 스마트 툴을 적절히 사용할 줄 안다면 얼마든지 젊은이들과 경쟁하면서 비즈니스 코치로서 활동할 수 있음을 지난 3년간 필자는 체험한 바 있다.

말을 줄이고 행동하는 5060세대가 된다면 개인과 사회는 물론 국가에도 크게 기여하며 새로운 일자리를 만들 수 있다.

하면 된다. 실행이 답이다.

되면 하는 것이 아니라, 하면 된다는 신념과 자신감으로 발을 내디딜 때 앞길은 환하게 열리게 된다.

고령화와 저출산 문제는 대가족이 답이다

가족에게서 먼저 일자리를 찾자

고도성장이 가능했던 산업화 시대를 지나 이제 고령화와 저출산이 핫이슈가 되고 있다. 하지만 지금까지는 문제를 인식하면서도 뚜렷한 대책이 없었다.

그런데 이 두 가지 문제를 대가족이 모여 살면 상당 부분 해결할 수 있다. 자신이 원하든 아니든 인생이모작이 필수가 되어 버린 지금의 5060세대는 특별한 경우가 아니면 90세 이상을 살아야 하기 때문에 적어도 75세까지는 현역으로 일할 각오를 해야 한다.

그렇더라도 50~75세의 일자리는 일모작과는 다를 수밖에 없다. 그래서 이모작 일자리를 먼저 가족에게서 찾아보자는 것이다.

연로한 부모를 모시고 손자를 돌보는 일도 이모작에서 할 수 있고 가족, 친지, 친구 등 가까이 있는 사람들의 비즈니스를 입소문

등으로 도와주는 일도 가능하다.

특히 거동이 불편한 어른들을 모시는 일은 가족 중에서도 젊은 이들보다 5060세대가 더 잘할 수 있다. 어린아이들을 돌보는 일도 젊은 날 한 번씩 해본 일이라 쉽게 적응할 수 있다.

인생 일모작으로 끝나던 시절에는 자녀들을 양육하고 그들이 출가하면 여생餘生을 그냥 그럭저럭 쉬면서 살아갈 수 있었지만 지금은 어림없는 얘기가 되어 버렸다.

자식들이 내는 연금으로 부모를 부양하는 정도가 아니라 손자들이 내는 연금으로 부모와 조부모가 혜택을 받아야 하는 시대가 된 것이다.

산업화 시대 이후 핵가족이 확산되면서 가정교육이 무너졌다. 이로 인한 사회적 문제는 이루 다 표현하기도 힘들다. 다시 대가족으로 돌아가 먼저 가정을 회복해야 한다.

저출산 문제도 대가족이 해결

저출산 문제도 5060세대가 나서면 어느 정도 해결할 수 있다.

지금의 젊은이들은 자녀를 낳아도 양육할 자신이 없어서 포기하거나 출산을 꺼린다.

자녀 양육이 돈으로만 하는 것이 아니라면 대가족에 해법이 있다. 대가족이 모여 살면 자연스럽게 자녀 양육도 이루어지고 가정교육도 자리 잡게 된다.

모든 것을 돈으로 해결하려 드는 것이 문제다. 물론 한 번 흩어진 대가족을 다시 모으려면 시간이 꽤 걸릴 것이다.

하지만 요즘 주변을 살펴보면 벌써 이렇게 자녀들과 모여 사는 지혜로운 사람들이 있다.

집안에서도 문 닫고 살면 남이나 마찬가지인데 이웃이 누구인지도 모르고 사는 우리의 삶은 메마르고 허황하기만 하다.

다시 핵가족에서 대가족으로 돌아가야 한다.

그러기 위해서는 5060세대가 중간 역할을 잘 해내야 한다.

특히 자녀들을 설득하여 시시각각 변해가는 사회현상을 직시하고 무엇이 지혜로운 삶인지를 몸으로 느낄 수 있도록 솔선수범하여 입과 행동으로 가르쳐야 한다.

부모와 떨어져 살면 간섭 받지 않아 좋다는 사고보다는 함께 모여 살면 서로에게 도움이 되겠다는 믿음이 있으면 왜 떨어져 살려고 하겠는가?

인간이기에 완전하지 못했던 부모의 살아온 세월이지만 그래서 가족 간에 사랑이 있다면 그것조차 뛰어넘을 수 있다.

고령화와 저출산에 대해 문제가 있다고 떠들지만 말고 5060세대가 먼저 나서서 해결책을 찾아보자. 대가족이 현실적 대안 중에 하나가 될 것이다.

평생직장과 꿈의 직업은 없다

이모작은 나에게 초점을 맞춰야

인간은 누구나 한 번 들어간 직장에서 평생을 안주하고 싶어하고 꿈과 같은 달콤한 직업을 가지면 이제 되었다고 자만하곤 하는 게 보통이다.

산업화 시대에는 비록 그런 시절이 있었지만 유감스럽게도 지금 우리가 살아가는 21세기 이후에는 더 이상 이런 경우를 기대하기는 어렵다. 이런 것들은 없고 그 대신 무엇을 하든 우리의 선택만이 존재할 뿐이다.

달리 표현하자면 더 이상 그런 직장이나 직업에 미련을 갖지 말자는 뜻이다. 그렇다면 우리에게 꿈은 없는 것일까?

그렇지 않다. 이제까지 남을 의식하고 남을 위해 직장과 직업을 가졌다면 이제부터는 나를 위한 직장과 직업이 반드시 필요하다.

인생이모작에서는 모든 초점을 나에게 맞추어야 한다.

그렇지만 여기서 나를 이기적인 욕심으로 가득 찬 나로 해석해서는 곤란하다. 내가 아닌 누군가를 돕기 위해 직장에서 일하고 직업을 가질 때 우리는 행복할 수 있다.

100세 시대는 우리에게 덤으로 제2의 인생을 남겨주었다. 이제 이러한 이모작을 과감하게 출발할 때다.

하지만 이 땅의 수많은 베이비부머와 6070세대는 인생이모작에 대한 깊은 생각을 하지 못하고 나서기를 주저하고 있다.

결단코 이모작 시작하기를 망설이지 말아야 하는 이유가 있다. 주저하다 보면 자포자기하고 안일무사주의에 빠지며 스스로 마음을 접어버리고 말기 때문이다.

이래서는 안 된다.

주저하지 말고 지금 시작하자

일모작에서 좋은 직장을 선택하기 위해 필사의 각오로 스펙 specification을 쌓아 왔다면 이제 이모작에서는 스펙보다 스스로 할 수 있는 직업을 찾아 만들고 적응해 나가야 한다.

좋아하는 일을 열정을 쏟아 열심히 하다 보면 새로운 직업이 눈에 보이고 또 다른 세상과 인맥을 만나게 된다. 그리고 과거 일모작에서 거듭했던 시행착오도 크게 줄일 수 있다.

중요한 것은 꺼지지 않는 호기심과 열정으로 똘똘 뭉쳐 차근차근 매진해 나가는 것이다.

이제 끝이다가 아니라 이제부터 시작이라는 각오로 매사 적극적으로 나선다면 하늘도 스스로 돕는 자를 돕게 될 것이다.

아직도 인생이모작을 생각해 보지도 않은 베이비부머와 6070세대는 속히 이모작 인생을 시작해야 한다.

왜냐하면 인간의 행복이 내:일my job속에 숨어 있기 때문이다.

일이 없는 사람은 죽은 자와 다름없다. 아침에 눈을 떠서 무엇인가 할 일이 있다면, 그리고 그 일만 생각하면 자다가 벌떡 일어날 수 있다면 그는 분명히 행복한 생을 살아가게 될 것이다.

이제 미루지 말자. 지금 시작하자. 생각은 그만하고 먼저 해보고 생각하자. 주저함을 버리고 과감하게 일어서자.

고령화와 저출산 시대에 우리가 해야 할 일이 얼마든지 널려 있다. 함께 그 일을 시작하자. 그래 보자.

내:일my job은 내가 만든다

히든챔피언이 되어야 한다

어차피 인생이모작은 일모작과는 다르다. 나이 들어 다시 시작하는 내:일은 내가 만들어야 한다. 이것이 바로 창조경제다.

독일은 전통적인 히든 챔피언hidden champion이 많은 나라다.

히든 챔피언은 비록 대기업이 아니지만 다른 나라의 대기업에 견줄 만한 매출과 기술력을 보유하고 있다.

유럽 국가들이 하나같이 어려움을 겪고 있지만 유독 독일만은 강한 면모를 유지하고 있는 것도 이들 히든 챔피언들 때문이다.

인생이모작에서는 히든 챔피언이 되어야 한다. 한 가지에만 몰두하며 그 분야에서 꾸준히 일을 하면 내:일이 만들어진다.

수십 년 동안 조직생활을 경험한 시니어들이 스스로 일을 만든다는 것이 그리 쉬운 일은 아니다. 하지만 생각을 조금 바꾸어보면 새로운 일을 만드는 것이 그리 대단하지도 않다.

생활 속에서 필요를 채우기 위해 연구하고 노력하면 얼마든지 가능하다. 안 될 것이라는 부정적인 마인드를 극복하면 새로운 가능성이 보인다.

조급하면 안 된다. 느긋하기도 어렵지만 조급증이 생기면 사물을 보는 시야가 좁아진다. 좀 더 시간을 가지고 준비해야 한다.

하루아침에 누군가가 일을 가져다 줄 수 없다는 것을 이해한다면 조금 더 차분히 내:일을 만들어 가야 한다.

내:일로 행복을 추구하자

일모작에서 남을 위해 오랫동안 일해 왔다면 이제는 자신이 꿈꾸는 내:일을 해야 한다.

더 이상 어떤 조직이나 사람이 나에게 일자리를 줄 것이라는 환상을 버려야 한다. 정년을 맞아 퇴직한 사람들이 공통적으로 어디엔가 소속에 되어 있지 못하면 불안해한다. 그래서 앞뒤 가리지 않고 재취업을 하곤 한다.

그러나 재취업한 일자리에서 오랫동안 일하는 것은 불가능하다. 설령 재취업을 한다고 해도 다시 언젠가는 독립하여 내:일을 가져야 한다는 사실을 잊어서는 안 된다.

그렇지 않으면 재취업한 일자리를 떠나게 될 때 모든 것을 처음부터 다시 시작해야 하기 때문이다.

내:일을 가지면 희망과 보람을 되찾을 수 있다. 내:일을 하면 피곤을 모른다. 내:일은 확실한 동기부여가 된다. 내:일을 하면 건강하게 살 수 있다.

수명이 늘어나고도 할 일이 없고 몸이 아프다면 그것은 불행이다. 특히 몸을 많이 움직이는 내:일을 하는 것이 좋다. 그러면 삶의 만족도가 높아지고 건강도 유지할 수 있다.

내:일을 갖기 싫어서 그러는 게 아니라, 어떤 일을 해야 할지 모른다고 할 수 있다.

그러나 찾아보면 우리 주위에 우리가 할 수 있는 수많은 내:일이 널려 있다.

관심을 갖고 절실하게 찾으면 얼마든지 찾아 낼 수 있다.

내:일을 만들고 행복한 인생이모작을 시작하자.

갈매기의 꿈

일상의 틀을 벗어나 새 꿈을 꾸자

리처드 바커Richard Bach가 지은 『갈매기의 꿈』이란 책에서 조나단 갈매기는 여느 갈매기들처럼 먹을 것을 위해 매일 해변으로부터 떠났다가 다시 돌아오는 일상을 반복하지 않고 높이 날아오르는 것을 꿈꾸었다.

가장 높이 나는 새가 가장 멀리 본다는 사실을 깨닫게 된 것이다.

일모작 인생에서 대부분의 사람들은 여느 갈매기들처럼 그런 일상을 되풀이하며 세상을 살아간다.

그러다 어느 날 퇴직을 하고 나면 그토록 달콤했던 일상의 덫에 걸려버린 자신을 발견하고 화들짝 놀라지만 때는 이미 지나가 버리고 그동안 높이 올라가 멀리 내려다보는 도전을 하지 않은 것을 후회한다.

인생이모작을 시작하면서 이제라도 다시 조나단 갈매기처럼 꿈을 꾸어보자. 먹고 사는 문제가 당장 시급하기는 하지만 그것이 꿈은 아니다. 아니, 먹고 사는 것이 꿈이 되어서는 안 된다.

숲 속에 오래 있다 보면 숲을 보지 못한다. 지구를 떠나보지 않으면 지구가 어떻게 생겼는지 알 수 없다.

멀리 그리고 높이 날아 올라보면 세상이 한 눈에 들어오고 과연 무엇이 가치 있는 인생의 꿈과 목표인지를 그제야 알게 된다.

조급하게 굴지 말고 눈을 크게 뜨고 지금까지 자신을 가두었던 굴레를 벗어나야 새로운 세상이 보인다.

다시 갈매기의 꿈을 꾸어보자

매일 같은 일을 반복하면 지겹고 매너리즘에 빠지기 쉽다. 인생이모작에서는 전에 해보지 않았던 일을 해보면 어떨까?

평생 한 번도 시도해 보지 않았던 일을 하면 도전정신도 생기고 재미도 느낄 수 있다.

새로운 일을 통해 전혀 다른 새로운 친구들과 사귀고 이제까지 나와 가족만을 위해 살았다면 이제는 좀 더 멀리, 좀 더 높이 올라가 이웃을 위해 몸으로 봉사하는 길로 나서면 어떨까?

나도 어렵지만 나보다 더 어려운 이웃이 있음을 인지한다면 기꺼이 도움의 손길을 펼칠 수 있다.

행복감은 남을 도울 때 무럭무럭 솟아나게 된다.

조나단 갈매기의 꿈은 무모해 보였다.

하지만 결과는 전혀 달랐다.

하나의 밀알이 땅에 떨어져 죽지 않으면 열매를 거둘 수 없음은 생명의 이치다.

겨우내 죽었던 것처럼 보였던 나무들도 봄이 오면 어김없이 새싹을 키우듯 기나긴 겨울잠을 잤던 일모작 시기를 지났으니 이제 기지개를 켜며 일어서 보자.

갈매기의 꿈은 소박하다. 그저 먹고 살기 위한 일상의 틀을 깨고 세상에 무엇이 있나 보려고 높이 드높이 날아본 것이다.

그랬더니 새로운 세상이 눈이 들어왔다. 인생이모작을 시작하는 비기너beginner들이여, 갈매기의 꿈을 꾸자.

그 꿈을 향해 달려가자. 내 꿈은 내가 꾸자.

소셜 홍보 전문가가 필요하다

세분화된 직업에는 소셜 홍보가 적합하다

직업이 점점 세분화되어 가고 있다.

산업화가 급속히 진행되던 고도성장의 시기가 지나고 이제 우리나라도 저성장의 궤도에 접어들면서 직업이 분야별로 더욱 세분화되고 있다.

다시 말하면 각 분야마다 전문가가 더욱 절실해지고 있다는 말이다. 직업의 세분화는 시대적 요구이기도 하지만, 산업화 시대의 천편일률을 벗어나는 다양성의 시대에 걸맞은 바람직한 변화다.

그런데 이렇게 직업이 세분화되면서 분야별 전문가는 늘어나지만 브랜드나 제품 또는 서비스를 홍보해야 하는 전문 인력은 상대적으로 부족하다.

인생이모작을 시작하는 5070세대가 이런 홍보전문가가 되기에 매우 적합하다.

홍보 전문가는 다양한 경험을 필요로 하고 폭넓은 인적 네트워크가 요구된다. 일모작에서 어떤 일에 종사하였든지 상관없이 이모작 인생에서는 소셜 홍보 전문가로 다시 변신해보면 어떨까?

다행스럽게도 지금 우리 모두의 손에는 스마트폰이 들려 있다. 스마트폰 하나로 세상을 들여다보고 비즈니스는 물론 우리의 삶까지도 송두리째 바꿀 수 있는 시대를 살고 있다.

스마트혁명은 기존의 컴퓨터와 인터넷을 손바닥 안으로 끌어들였다. 브랜드 홍보도 가능하고 원하는 상품도 주문할 수 있으며 필요한 서비스도 받을 수 있다.

소셜 홍보는 5070세대가 맡아야

그런데 이런 시대를 살아가면서 젊은이들은 비교적 쉽게 적응하며 이를 활용하여 삶을 더욱 풍요롭게 하지만 5070세대는 순발력과 적응력이 뒤떨어져 이런 스마트 도구를 활용하지 못한 채 그냥 방치해 버리고 있다.

스마트 도구가 우리 인간을 더욱 편리하게 하기 위해 탄생했음에도 불구하고 오히려 이런 도구들을 귀찮아하고 멀리하는 경향이 있다.

지난 세월을 돌아보면 컴퓨터로부터 출발해서 비퍼, 냉장고만 한 크기의 카폰, 수백만 원에 이르는 커다란 핸드폰, 폴더 폰, 슬

라이드 폰을 거쳐 지금의 스마트폰에 이르기까지 그다지 길지 않은 시기에 정말 빠르게 진화해 왔다.

적응력이 핵심이다.

지금의 스마트폰을 지나면 또 다른 획기적인 문명의 이기들이 쏟아져 나올 것이다. 인생이모작에서는 적응력을 키우는 데 전념하는 것이 현명하지 않겠는가?

어떤 새로운 것들이 나타나도 거뜬히 적응하여 활용할 줄 안다면 자신의 삶은 물론 비즈니스를 홍보하는 데 크게 쓰임 받을 수 있다.

그런 도구들을 멀리할 것이 아니라 더욱 가까이 하며 배우고 익혀 소셜 홍보 전문가가 된다면 어디를 가든지 환영받을 수 있다.

기존의 마케팅과 홍보 수단으로는 세분화가 가속되는 다양한 직업을 일일이 찾아 도울 수 없다. 이제 소셜 홍보는 인생이모작을 시작하는 5070세대가 맡아보면 어떨까?

내 안에 잠든 브랜드를 깨워라

사소한 것에서도 자신만의 브랜드를 찾자

자기만의 브랜드, 즉 퍼스널브랜드personal brand를 찾는다는 것은 그리 간단한 일이 아니다.

아이들의 장래 진로를 찾아주느라 부모나 교사들이 백방으로 애를 쓰면서도 정작 어른들조차 자신의 가치를 발견하고 브랜드를 만들어가는 노력은 하지 않는다.

아니 할 줄도 모르고 해야 할 필요성도 느끼지 못한 채 살아간다. 그저 나는 잘하는 것도 없고 매사 평범하다며 겸손해 하다 보니 주특기가 없어져 버린다.

자신만의 특징을 발견하라. 스스로 찾기 어려우면 주변에 도움을 청하라. 아주 사소한 것에서부터 재미있고 잘하는 것이 무엇인지를 찾아보라.

30년 이상 근무한 직장에서 퇴직하여 은퇴를 앞둔 분을 맥아더 스쿨에서 코칭하게 되었다. 그저 평범해 보이는 인상착의에다 은행에 근무했으니 특별할 것도 없어 보였다.

그런데 몇 마디 대화를 나누다 보니 한자를 잘 쪼개고 우리말을 섞어 아주 재미있게 꾸며내는 재주를 발견할 수 있었다.

무슨 말을 해도 금방 이와 유사한 발음의 한자를 찾아 유머를 섞으며 문장을 지어내는 솜씨가 제법이다.

지금까지 직장생활을 하면서 그럴 만한 이유도 의미도 찾지 못해 시도하지 않았겠지만 분명 글을 쓴다면 재미있고 유익한 글을 잘 쓸 수 있을 것으로 믿는다.

호기심 천국이 되면 브랜드는 찾을 수 있어

자신만의 브랜드를 깨우려면 부지런히 읽고 듣고 생각하고 노력해야 하지만 그것에 머물지 말고 다른 사람에게 나타내 보이고 확인하는 과정을 통해 이룰 수 있다.

정작 자신이 어떤 능력이나 재주를 가지고 있는지 자신은 잘 모른다. 그래서 코칭이 필요한 것이다.

코치의 조언에 따라 서로 협의하면서 여러 방면으로 시도하다 보면 뭔가 찾아낼 수 있다.

아이가 아닌 어른인 데다 특히 오랜 직장생활을 경험한 사람이라면 한 결 같이 호기심이 안에 감추어져 있다.

브랜드를 찾는 가장 좋은 방법은 매사에 호기심을 가져보는 것이다. 만물을 새롭게 쳐다보고 호기심천국이 되어 관심을 가지면 새로운 세상이 보인다.

지금은 퍼스널 브랜딩personal branding 시대다. 남의 흉내를 내서 살던 시대는 이미 지났다. 나만의 개성이 만발해야 다른 사람도 가치를 인정해 주게 마련이다.

개성이 없는 브랜드는 빛을 잃게 된다. 튀어야 산다.

남과 같이 되려고 애쓰지 말고 남과 다르기 위해 노력하라. 같으면 평균밖에 안 되지만 다르면 온리유only you가 되는 것이다.

너무 남의 눈치를 보다 보면 나만의 브랜드를 갖추기 어렵다. 맞다, 틀리다가 아니라 다르기 위해 튀어야 하는 것이다.

인생이모작을 시작하는 은퇴자들은 지금부터 자신만의 브랜드를 가지는 일부터 착수해 보면 어떨까?

인생 스토리가 브랜드다

브랜드 만들기는 어렵다

원래 브랜드는 상품에 붙이는 상표로 시작되었지만 지금은 이미지로 확대되어 사람이나 비즈니스에도 활용되고 있다.

인생이모작을 시작하려면 브랜드를 만들어 가야 한다.

지금까지 살아왔던 라이프 스토리life story를 잘 살리면 자신만의 브랜드를 차별화할 수 있다.

그런데 오랫동안 직장생활을 해온 탓에 자신만의 브랜드의 중요성이나 필요성을 깨닫지 못하고 있어서 안타깝다.

기업의 브랜드를 떠올리다 보면 돈을 들여 Logo와 Symbol, BI 또는 CI를 가져야만 브랜드를 구축하는 것으로 착각하게 된다.

그렇지 않다. 돈을 들이지 않고도 얼마든지 자신의 정체성에 맞는 브랜드를 만들어 갈 수 있다. 인간이라면 누구나 어릴 적부터 부모나 교사가 과연 이 아이가 무엇을 잘하고 좋아하는지 소위 적성을 찾기 위해 무척 애를 쓴다.

하지만 정작 어릴 때 자신의 확실한 방향을 찾는 사람은 극소수에 불과하다. 나이가 들어도 도대체 자신이 무엇을 잘하는지 그리고 좋아하는지는 알쏭달쏭하기만 하다.

그래서 평생 자신의 정체성을 찾느라 노력하다 생을 마감하는 것이다. 다시 말하면 그만큼 자신의 브랜드를 찾는 것이 쉽지 않다는 뜻이다.

그래도 브랜드는 만들어 가야

이제 인생이모작을 시작하면서 차분히 자신의 브랜드를 생각해보고 만들어가는 것은 결과도 결과지만 이에 못지않게 과정도 중요하다.

설령 결과적으로 자신의 정체성과 브랜드를 찾지 못한다고 해도 그 과정을 통해 나름대로 삶의 의미를 찾고 깨닫는다면 충분히 가치가 있다.

그런데 문제는 너무 오랫동안 해 왔던 직장생활의 습관이 이런 노력을 방해하고 거부해 버린다는 데 있다.

그래서 브랜드의 필요성조차 인식하지 못하고 그냥 세월 따라 흘러가기만 한다면 보다 가치 있는 삶을 영위했다고 할 수 없지 않을까?

지금은 무엇이든 다시 시작하기 좋은 때다.

불투명한 미래로 인해 불안감은 여전히 가슴 속에 남아 있지만, 그럼에도 불구하고 자신의 정체성을 찾고 브랜드를 만들어 나갈 수 있다.

혼자서 해보려면 힘들기 때문에 가족이나 주변에 있는 사람들의 도움을 청하는 것이 좋다.

어쩔 수 없이 사람은 자기의 프레임에 갇혀 자신을 똑바로 보지 못하는 경향이 있다. 그래서 도움이 필요하다.

오히려 자신의 틀을 접어두고 다른 사람들의 관점에서 자신을 발견해 보는 것도 좋은 방법이 될 것이다.

브랜드 만들기는 결코 쉽지 않은 일이지만, 할 수 있다는 믿음을 갖고 시작해보자. 할 수 있다.

인적자원을 되살리자

일만 하고 브랜드는 없다

　수많은 베이비부머가 직장에서 은퇴를 하고 가정으로 쏟아져 나오고 있다.

　6.25전쟁 이후 잘 살아보자는 국가 슬로건과 세계 최고의 교육 열로 인해 육성된 대단한 인적자원이 아직 젊은 나이에 할 일을 잃고 방황하고 있는 것이다.

　이제 이들이 해야 할 일은 각자에 맞는 퍼스널 브랜드를 찾아 새 출발하는 것이다.

　비교적 학력이 높고 경험이 많지만 한편으로는 개성이 없고 한 평생을 직장을 위해 죽도록 노력했는데 어느새 은퇴할 나이가 되어 버렸다. 그러니 막상 가정으로, 사회로 나와서 무엇을 어떻게 해야 할지 막막하기만 하다.

이것은 우리 교육이 어릴 적부터 얼마나 잘못되었는지를 보여주는 증거다.

진학을 위한 교육보다는 각자의 평생 할일을 찾기 위한 교육을 해야 하는데 그러지 못했다.

특히 어릴 때 10년은 성인이 되어 30년 또는 50년에 해당할 만큼 중요한 시기인데도 오로지 공부만 많이 해야 한다는 부모와 학교 교사들의 잘못된 지도로 이렇게 된 것이다.

이제 은퇴를 하고 난 후 새삼 이모작을 해보려 하지만 모든 게 서툴고 낯설고 어렵기만 하다.

완전히 뒤집어야 한다. 생각을 뒤집고 행동도 뒤집어야 한다. 그래야 미래가 보인다.

몸으로 익혀 인적자원을 재사용하자

평생교육원에는 고학력의 베이비부머 수강생들이 많다.

문제는 고학력이다.

경쟁력을 키우기 위해 직장에 다니며 시간을 쪼개어 열심히 공부는 했는데 특정 분야에 대해 조금 깊이 있게 공부하다 보니 세상이 어떻게 돌아가는지 전혀 깨닫지 못한 채 허둥대고 있다.

동료들끼리 돌파구를 마련하기 위해 노력도 해보지만 뚜렷한 해결책이 나오지 않는다. 발상의 전환이 필요하다.

머리로 더 많이 배우려 하지 말고 몸으로 배우는 자세를 가져야 한다. 베이비부머는 새로운 것을 접하면 우선 받아 적으려 한다. 물론 적어놓고 차근차근 익히면 좋겠지만 액션이 따르지 않으면 무용지물이다.

작은 일부터 몸으로 익히자.

요리도 배우고, 책도 읽고, 공연도 보고, 인간관계 개선을 위한 대화 방법도 배우고, 스피치 연습도 하고, 유머도 연습하면서 머리가 아닌 몸으로 할 수 있는 모든 일에 도전해 보자.

음악도 듣고, 영화도 보고, 집안 청소도 해보고 간단한 가구는 만들거나 고쳐도 보고… 하여튼 무슨 일이든 몸으로 해보는 일을 시작하자.

오랜 직장생활을 했다면 당연히 아랫사람에게 지시하고 시키는 것에 익숙해져 있는데 이제는 이를 뒤집어야 한다.

뒤집으면 세상이 바로 보인다.

엄청난 베이비부머들의 인적자원을 되살리는 길은 생각을 뒤집는 데 있다.

내:일과 나의 브랜드

브랜드를 먼저 생각하라

놀라운 스마트세상이 펼쳐지면서 새로운 일자리가 속속 만들어지고 있다. 아이패드 화가, 모바일 요리사, 모바일 쇼핑몰, 1인 방송국 등등.

스마트폰이 나오기 전에는 전문가의 영역으로 분류되었던 일들이 이제는 손에 든 스마트폰이나 아이패드 등을 활용해 누구나 어렵지 않게 결과물을 만들어내고 있는 것이다.

이런 현상은 앞으로 더욱 가속화될 것으로 보인다.

특히 인생이모작을 하려는 은퇴자들이 이런 점에 관심을 갖고 시도해 볼 만하다. 필자는 지난 4년 동안 거의 170명에게 스마트 도구를 이용한 퍼스널 브랜딩 만들기 코칭을 하면서 새로운 일자리 창출에 주력하고 있다.

일자리는 아주 사소한 것으로부터 출발해서 만들 수 있다.

생활 속의 작은 부분에서 착안하여 스마트폰과 SNS 도구들을 이용하면 자신의 고유 브랜드를 만들고 나아가 비즈니스에도 접목이 가능하다.

당연히 출발은 브랜딩이다.

무엇보다 먼저 이제까지 직장을 위해 일하면서 가져보지 못했던 퍼스널 브랜드를 만들겠다는 의지를 갖고 자신이 즐겁고 재미있고 또한 유익한 일을 찾아 나서야 한다.

직장생활을 할 때의 천편일률을 벗어나 고유의 브랜드를 만들어 갈 때 자연스레 여러 가지 아이디어가 생겨나게 된다.

스마트 세상에 눈 뜨고 일자리를 만들어보자

특히 이제까지 해 왔던 벤치마킹bench-marking보다는 그 누구도 하지 않았던 전혀 새로운 일을 시도해 보는 것이 좋다.

그렇게 하면 젊은이들과 레드오션에서 다툴 일도 없고 다양한 경험과 지식으로 무장한 독자적인 브랜드를 만들 수 있다.

이를 위해 분야 별로 전문성을 가진 분들을 멘토로 삼는 일에 시간과 노력을 아끼지 말아야 한다.

자신이 처음부터 쌓으려면 힘들고 시간이 많이 소요되지만 어느 정도까지 그들의 노하우를 전수받으면 새로운 일자리 만들기에 크게 도움이 된다.

실제로 많은 은퇴자들이 잠재력을 지니고 있으면서도 발견하지 못한 경우가 더 많다. 그들의 잠든 브랜드를 깨워야 한다.

너무 오랫동안 직장생활을 하면서 개성이 사라지고 무엇을 해야 할지 망설인다면 이제 생각만으로 그치지 말고 실행으로 새로운 일자리 만들기를 시작해 보면 어떨까?

단번에 훌륭한 일자리를 만들겠다는 과욕을 버리고 다양한 분야에 관심을 가지되 특히 스마트폰과 SNS에 관심을 기울이면 그 속에 새로운 세상이 펼쳐져 있음을 알게 될 것이다.

조금만 우리 주위를 살펴보면 할 수 있는 일이 얼마든지 널려 있다. 특히 무자본으로 시작할 수 있는 일이 의외로 많다.

오늘부터 스마트 세상에 눈을 뜨고 새로운 일자리 만들기를 시작해 보면 어떨까?

디테일을 습관화하라

디테일이 중요하다

베이비부머들이 한창 일을 하던 1980년대부터 2000년대까지 우리나라 남자들은 예외 없이 직장에서 열심히 일만 하고 여자들은 가정을 지키며 가장과 자식들 뒷바라지만 하던 시절이 있었다.

그런데 지금은 세상이 달라졌다.

고도 경제성장이 멈추고 이제는 남녀 누구나 어떤 직업이든 일을 하게 된 것이다.

얼마 전 ROTC 후배 여자 현역 육군 중위를 만났는데 그 어느 남자 못지않게 씩씩하고 충실하게 국방의 의무를 다하고 있었다.

이렇듯 비교적 여자들은 괜찮은데 문제는 나이가 들고 직장에서 물러나는 베이비부머 남자들이 디테일에 익숙지 않아 어려움을 겪고 있다.

여기서 디테일이라 함은 우리의 삶 속에서 매일 반복되는 아주 작은 일을 말한다.

음식을 하는 일, 청소와 빨래를 하는 일, 옷을 챙기는 일 등등 세상을 살아가면서 혼자서 해야 할 일이 아주 많은데도 대부분 베이비부머 남자들은 평생 동안 이런 일을 하지 않았기 때문에 어떻게 해야 하는지 알지 못하고 혹시 안다고 해도 서툴기만 하다.

그러다 보니 나이가 들어서도 누군가의 도움을 받지 않으면 아무 일도 할 수 없다.

그래서 배우자를 불편하게 하고 여행도 가지 못하도록 붙들어 매놓고는 자신도 민망해 한다.

이제 생각을 바꾸어 보자.

무엇이든 혼자서도 잘 해보자. 혼자서도 잘 먹고, 잘 입고, 잘 놀 수 있어야 한다.

평생 뒷바라지 해 온 아내를 위해 요리도 해보고 장바구니도 들어보고 설거지도 해보고 분리수거도 하고 음식물 쓰레기도 직접 치워보자.

나이 들면 오히려 여자들이 남자들보다 경쟁력이 더 있다. 더러 아내가 일을 하면 집안 일도 맡아서 해보자.

큰 기침이나 하고 있을 나이도 아니고 때도 아니다.

작은 일부터 한가지씩 배워가며 해보자.

아내에게도 부탁하여 도와달라고 하면서 차근차근 디테일에 익숙해져 보자.

생각부터 바꾸자

생각을 바꾸면 행동이 바뀌고 행동이 달라지면 습관이 변한다.

시간이 꽤 걸리겠지만 더 미루지 말고 이제부터 시작해보자. 이 것이 남은 생을 지혜롭게 사는 비결이다.

바깥에서 큰 일만 하던 남자들만 일이 많았던 게 아니라 가정에서 끝도 없었던 아내의 일도 얼마나 힘들었을까 생각하며 진심을 담아 디테일에 힘을 쏟아보자.

그렇게 하면 가정에 평화가 깃들고 부부애가 더욱 깊어지고 인생이모작을 시작하는 재미를 솔솔 느끼게 될 것이다.

친구들과 어울려 밤늦게 몰려다니는 일도 줄이고 부부가 함께 대화하며 더 많이 사랑하며 살자. 지금 시작해보자.

인생이모작, 새로운 일을 만들라

고용 없는 성장의 시대

스마트폰 보급이 늘어나면서 많은 일자리가 사라지고 있다. 이전에는 상상하지도 못했던 일을 스마트폰이 대체하면서 놀라운 일이 벌어지고 있는 것이다.

디지털 기기와 통신의 발달로 인해 고용 없는 성장의 시대에 접어들었다 싶었는데 괴물을 방불케 하는 스마트폰마저 등장하면서 과연 이런 현상이 앞으로 얼마나 가속화될까 염려하는 목소리가 여기저기 들린다.

아마도 스마트 세상으로 나아갈수록 지금보다 더욱 놀랄 만한 일들이 계속해서 생겨날 것이다.

반면에 스마트폰이 나오면서 새로 생겨나는 일자리도 있다. CEO라면 적어도 여기에 주목할 필요가 있다.

점차 사라져 갈 일이 무엇인지, 그리고 새로 만들어질 일이 무엇인지 구분하여 정확하게 판단하는 혜안이 필요하다.

그래서 CEO 위치가 더욱 어렵고 힘들어졌다.

얼마 전 어느 조찬 강연에서 이전에 기획재정부 장관을 지냈던 분이 스마트폰으로 인해 없어지는 일자리에 대해 걱정하는 강연을 들었다.

하지만 그는 이것으로 인해 지금까지 없었던 새로운 일자리가 생겨날 가능성에 대해서는 언급하지 않았다.

창조경제가 별 건가?

창조경제란 별 것 아니다.

이제까지 없었던 새로운 일을 새로운 변화에 맞춰 새로운 아이디어로 만들어가는 것이 창조경제가 아닐까?

중앙정부나 지방정부가 무슨 거창한 일자리를 만들어야만 새로운 일자리가 아닌 것이다.

정치인들이 떠든다고 만들어지는 것도 아니다.

스마트폰과 SNS 도구들을 활용한 새로운 일자리를 얼마든지 만들 수 있다.

아이패드로 그림을 그리는 아이패드 화가는 그림교실을 열어 관심 있는 많은 아이패드 소지자들에게 재미있는 그림 그리기를 지도하며 활발하게 작품 활동을 하다 보니 이제는 아이패드 그림도 주문을 받고 있다.

또한 요리 동영상 800여 개를 가지고 있는 인터넷 유료 사이트는 모바일 쿠킹 코치를 양성하여 누구든지 요리를 몰라도 스마트폰 동영상을 틀어놓고 스텝 바이 스텝, 따라 하기만 하면 요리를 할 수 있도록 해서 많은 사람들의 주목을 받고 있다.

요리 코치로 활약하면서 유료 요리 사이트를 활용한 수입 창출도 가능해진 것이다.

스마트폰을 이용한 갤러리 큐레이터나 문화재 해설사도 추천할 만한 새로운 일자리다.

모바일 명함을 만들고 유튜브 동영상을 제작하여 비즈니스 홍보용으로 활용하는 것도 새로운 일자리가 될 것이다.

이런 일이 과거에는 반드시 전문가들의 손을 거쳐야만 가능했는데 지금은 그렇지 않다.

새로운 일자리는 창의성으로부터 나온다

창의성은 아주 작은 일에 관심과 호기심을 가짐으로써 비롯된다. 정치인들처럼 표를 얻기 위해 크게 부풀리기만 하면서 막연하게 일자리를 만든다고 떠들썩할 게 아니라 차근차근 연구와 개발에 전념하면 얼마든지 새로운 일자리는 만들어 낼 수 있다.

CEO들의 공통된 관심사는 뭐니 뭐니 해도 앞으로 어떤 뉴 비즈니스로 수입을 창출해서 기업을 존속시켜 나갈 것인가

하는 것이다.

워낙 변화무쌍한 시대를 살면서 항상 새로운 일자리 만들기에 뒤떨어지면 낙오하고 총총히 사라져 가야 하기 때문이다.

스마트폰으로 인해 사라지는 일자리만큼이나 새로운 일자리를 만들 수 있는 절호의 기회도 동시에 우리에게 주어졌다. 물론 이 일은 CEO 혼자만의 아이디어와 노력으로 되지는 않는다. 하지만 CEO를 중심으로 적극적인 자세와 노력이 반드시 필요하다.

기업의 평균 수명이 점점 짧아진다고 한다. 하지만 사라지는 기업이 있는 반면 다시 태어나는 기업도 많다. 어느 쪽에 해당하느냐는 다분히 CEO의 선택에 달려 있다.

이모작이지만 그래도 돈이다?

돈이 행복의 척도일까?

코페르니쿠스의 지동설을 믿었던 갈릴레오 갈릴레이는 재판정을 나서며 "그래도 지구는 돈다"는 유명한 말을 했다고 한다.

행복한 노후를 위해 건강이 필요하고 욕심을 줄이고 먼저 행복을 추구해야 한다고 이구동성으로 말하면서도 끝에 가서는 "그래도 역시 여생에서 가장 중요한 것은 돈"이라고 방점을 찍는다.

과연 그럴까? 이렇게 행복은 넉넉한 소유에 있지 않다고 하면서 결국 돈을 말하는 것은 모순이 아닐 수 없다.

돈이 필요 없다는 뜻이 아니다. 돈이 먼저라는 생각을 버리지 못하면 결코 행복할 수 없다.

여기저기 고령화 대책을 위한 세미나 등 부쩍 모임이 많아졌다. 모임을 주관하는 조직이나 개인이 프로그램을 준비하면서 돈이 우선이라는 생각을 바꾸지 못하기 때문에 주제나 강연자 선정에서 대부분 금융이 중심이고 강연자도 금융 전문가 일색이다.

게다가 아직 은퇴하지 않은 강연자이거나 은퇴하였지만 절실하게 이모작을 경험해 보지 않은 경우도 꽤 있다.

그래서 강연을 마치고 나서 보면 내용이 고만고만하다.

차별화가 안 되는 것이다.

정작 은퇴자들이 무엇을 필요로 하는지 숙제와 아쉬움만 남긴 채 그냥 하나의 이벤트로 끝나버리기도 한다.

청중도 마찬가지다. 은퇴자들이 많이 참석해서 진지하게 토론하는 장이 마련되지 못하고 아직 일모작에 열중하는 젊은이들과 강연자를 좇아서 참석하는 팔로워들이 대부분이다.

돈은 필요하지만 우선순위는 아니다

과연 이런 현상은 언제까지 지속될까?

이제는 바뀌어야 하지 않을까?

무엇보다 인생이모작의 백미는 새로운 일자리 창출이다.

은퇴자들이 작은 일 하나라도 자신이 좋아하고 잘할 수 있는 일을 만들어 시작하는 것이 가장 중요하다.

세미나 등에서는 이들의 사례를 발표하여 많은 사람들에게 용기를 심어주고 청중들이 나도 할 수 있겠다는 의지를 갖게 하는 것이 더 중요하지 않을까?

돈은 필요하지만 행복을 위한 우선순위는 아니다.

그래서 돈을 앞세워서는 결코 인생이모작에서 성공할 수 없다. 돈보다는 내 일을 내가 만든다는 자신감이 우선이다.

먼저 작은 일이라도 스스로 할 수 있다는 긍정의 에너지가 필요하다. 남으로부터 도움을 바라는 마음부터 고쳐먹고 먼저 내가 다가가 남을 도울 수 있는 마음이 생길 때 성공적인 이모작이 시작될 수 있다.

앞으로의 은퇴 관련 강연 프로그램에서는 틀을 송두리째 바꿨으면 좋겠다.

은퇴 후 새로운 일을 시작하는 사람들의 진솔한 사례를 중심으로 모임을 갖는 것이 더 낫지 않을까?

일 근육筋肉

근육의 종류

근육이란 힘줄과 살을 통틀어 말하며 모든 신체 활동을 맡은 중요 기관이다.

골퍼에게는 끊임없는 단련을 통한 골프 근육이 있고, 운동선수들에게는 제각각 그 운동에 적합한 근육이 있다.

어디 운동뿐인가. 일에도 일 근육이 있다. 쉴 틈 없이 일해 온 베이비부머들에게는 일 근육이 몸에 배어 있다.

이 일 근육을 계속 살려야 한다.

보디빌더가 열심히 근육을 유지하지 않으면 몸의 밸런스가 깨지고 이상 현상이 나타나듯이 아직 인생이모작을 해야 하는 우리들에게는 일 근육의 유지가 필수다.

일을 통한 일 근육이 있듯이 열심히 놀다 보면 놀 근육도 있다.

이유가 무엇이든 퇴직을 하고 일손을 쉽게 놓아버리면 놀 근육이 발달한다.

평생 열심히 일하다가 쉬게 되면 처음에는 노는 것이 어색하다. 하지만 이내 노는 것에 익숙해지고 만사가 귀찮으며 다시 추스르고 일을 하려면 마음이나 몸이 제대로 움직여지지 않는다.

사춘기 때의 '귀찮이즘'이 다시 생겨나는 것이다.

그래서 놀 근육이 만들어지지 않도록 유의해야 한다.

근육은 쉬지 않고 어떤 행동을 반복할 때 나타나는 것이다.

따라서 아직 건강하고 일할 수 있을 때 놀 근육보다는 일 근육을 키워나가야 한다.

재미있고 즐겁게 일하다 보니 창업

창업이란 자신이 하고 싶은 것을 재미있게 반복하다 보면 자연스럽게 만들어지는 일자리라는 글을 본 적이 있다.

사소한 취미라도 재미있고 즐겁게 꾸준히 반복하면 근육이 만들어지고 수입도 생긴다.

아이패드 화가 정병길 님의 경우도 금융기관을 은퇴하고 나서 아이패드 그림에 심취하여 꾸준히 그림을 그리고 문하생을 길러내다가 국내 최초로 아이패드 개인전을 열었다.

아이패드를 가진 사람들이 많지만 사소해 보이는 몇 가지 앱에 착안하여 자신의 장점을 살려 내어 일자리를 만든 것이다.

이번에는 개인전을 열지만 다음에는 문하생들과 함께 그룹전을 열 예정이라고 한다. 퇴직 후에도 꾸준히 그림 그리기 근육을 유지하고 발달시킨 결과다.

조급해 하지 말고 헬스클럽에 가서 몸의 근육을 단련시키듯 일 근육을 만들어 나가면 얼마든지 자신이 할 수 있는 일을 해볼 수가 있다.

퇴직 후 2~3년이 일 근육과 놀 근육을 구분 짓는 중요한 시기가 된다. 놀 근육을 몇 년 간 발달시키면 일에 대한 의욕도 상실하고 나태해지기 십상이다.

그러므로 인생이모작에서는 일 근육을 유지하고 발달시키는 것이 무엇보다 중요하다.

일자리 만들 수 있다

고정관념을 깨면 일자리는 있다

새로운 일자리가 없다고 아우성이다.

청년도 장년도 노년도 모두 일자리가 없다고 한다.

그런데 일자리는 있다. 젊은이들은 물론이고 인생이모작을 시작하는 중장년에게도 일자리는 있다.

일자리가 없다거나 모자란다고 하는 것은 지금까지 고정관념과 프레임에 갇혀 새로운 세상을 보지 못하기 때문에 하는 말일 따름이다.

다시 말하면 무엇이 일자리인지에 대한 정의가 잘못 되어서 그렇다. 행복을 추구하는 인간이라면 누구든, 무슨 일이든 하는 것이 바람직하다.

처음부터 반드시 돈벌이가 되어야만 그게 일자리에 포함될 수 있다고 하는 아주 잘못된 사고방식 때문에 일자리가 보이지 않는 것이다.

대량생산을 하던 과거 산업화 시대에는 원가절감을 위해 어떻게 하면 자동화 설비를 가능한 한 많이 투입해서 생산성을 높이는가 하는 것이 최고의 과제였다.

하지만 그 시대가 지나고 이제는 소비자도 개성 있는 상품과 서비스를 원하게 되면서 기계보다는 감성을 지닌 인간을 통한 상품과 서비스 제공을 선호하게 되었다.

뭐니 뭐니 해도 소비자가 원하는 것을 생산하고 제공하는 것이 중요해진 것이다.

원가절감도 중요하지만 그보다는 어떻게 하면 더 부가가치를 높일 것인가에 치중하는 시대를 우리는 살아가고 있다.

자동화 시대를 지나 스마트 시대

자동화 시대를 지나고 바야흐로 스마트 시대가 되었다.

다시 한 번 사람들은 말한다.

이제 인간이 할 일이 거의 없어졌다고.

하지만 그렇지 않다. 오프라인과 첨단의 스마트 도구가 만나면 시너지가 넘치는 전혀 새로운 일자리가 생겨난다.

대표적인 예로 아이패드 그림을 들 수 있다.

2014년 6월초 정병길 아이패드 화가 초대전이 고양시 강강술래 늘봄농원점에서 열렸다. 60여 점의 아이패드 그림이 전시되었는데 야외 전시였기 때문에 비가 온 날을 제외하고 엿새 동안 2만여 명의 늘봄공원 방문객들이 아이패드 그림을 보았으며 이 가운데 십여 점은 판매가 되었다.

과거에는 상상도 못 했던 아이패드 그림을 보며 30~40대 젊은 부부들과 자라나는 아이들은 새로운 세상을 경험하게 되었다.

초대전을 마치며 다시 가을에 동호인들과 함께 동일한 장소에서 단체전을 준비한다고 한다.

그리고 이제부터 정병길 화백은 홈페이지를 통해 아이패드 그림을 주문도 받겠다고 한다.

이것이 새로운 일자리다.

아이들 장난 같은 아이패드 그림을 재미있게 그리다 보니 많은 사람들이 관심을 갖고 보기 시작했고 그림교실을 열고 초대전도 가지니 그림도 팔리게 된다.

이것이야말로 새로운 일자리가 아니고 무엇이랴!!

물건을 팔기 전에 먼저 마음을 사라

이모작에서는 어프로치가 달라져야

비즈니스를 한다고 하면 우선 어떻게 물건을 팔 것인가 고민하게 마련이다.

중견기업이나 대기업에서 오랫동안 근무해 온 은퇴자라면 오랫동안 체험한 일이라 몸에 아주 익숙하게 단련되어 있다.

하지만 이모작에서 성급하게 물건을 팔려고 들면 지금까지 공들여 쌓아왔던 관계마저 하루아침에 무너져 버린다.

일모작에서 어떤 직장에서 어떻게 근무했는지 상관없이 이모작에서는 어프로치가 달라야 한다.

소위 상대방의 마음을 사로잡아야 한다.

일단 마음을 얻고 나면 할 수 있는 일이 많다.

그러나 마음을 사지 못하면 무슨 일을 어떻게 할 수 있으랴.

그렇다고 매사 소극적이 되거나 주저하라는 말이 아니다.

기회를 노리되 조급하지 않아야 한다.

지금까지 그저 아쉬움 없는 그런 관계를 유지해 왔다면 이제는 좀 더 친밀한 관계를 만들어 가야 한다.

결국 더 친밀한 주변 사람들을 통해 아직 덜 성숙한 관계의 사람들에게 자신의 홍보를 해 준다면 아주 좋은 방법이다.

이렇게 할 수 있는 내 편을 얼마나 확보하느냐에 따라 이모작의 성패가 갈린다.

그러자면 그런 지인들에게 얼마나 정성껏 대하며 소중하게 여겨야 하는지 빤하지 않은가.

말로만이 아니라 진심으로 통한다면 얼마든지 그런 관계망을 형성할 수 있다는 것이다.

이제부터 어떤 관계를 만들어 가느냐가 중요하다

지금까지 어떻게 관계로 지내왔는가 하는 것보다는 이제부터 어떤 관계를 만들어 가느냐가 훨씬 중요하다.

흔히 지금까지의 관계로 미루어 친밀도를 예단하기도 하지만 그럴 필요가 없다.

이모작을 시작하면서 새로운 마음으로 새로운 관계를 얼마든지 만들어 갈 수 있다.

왜냐하면 상대방도 그런 상황을 이해해 주기 때문이다.

진심이 통한다고 한다. 진심이 통하기만 하면 더욱 긴밀한 관계를 형성할 수 있다.

대체로 뿌리 깊은 유교사상에 젖어 사는 우리는 인간관계를 맺기가 그리 쉽지 않다.

하지만 어렵게 생각할 필요가 없다. 사람과의 관계는 진심이 바탕이 될 때 얼마든지 풀어 나갈 수 있다.

조금이라도 친밀한 관계를 이용해서 수입을 얻겠다는 마음을 버려야 한다.

바보가 아닌 이상 그렇게 하면 상대방이 바로 알아차린다.

그보다는 꾸준히 도와주고 이해해 주다 보면 어느새 진심을 알게 되고 말하지 않아도 무엇을 필요로 하는지 먼저 알게 된다.

이모작은 마라톤이다.

단거리 달리기 선수가 아니라 장거리를 꾸준하게 뛰어야 한다. 때로는 걷기도 하고 뛰기도 하면서 길게 가야 한다.

소탐대실小貪大失 하지 말고 멀리 보고 진심을 담아 사람의 마음을 얻어야 한다. 그래야 나중에는 물건도 팔 수 있다.

취미에서 브랜드를 찾는다

퍼스널 브랜드와 취미

취미에서 퍼스널 브랜드를 찾아보면 어떨까?

누구나 좋아하고 잘하는 것이 하나쯤은 있다. 굼벵이도 구르는 재주가 있다지 않던가.

십 수 년 전 어느 교육부장관이 한창 자라는 아이들에게 공부만 열심히 할 게 아니라 무엇이든 잘하는 재주 하나만 있으면 된다고 해서 센세이션을 일으킨 적이 있다.

여기저기서 사리에도 맞지 않고 쓸데없는 말로 괜스레 아이들 교육만 망쳤다고 평가절하를 하는 분위기가 압도적이었다. 그런데 지금 와서 생각해 보니 아주 일리 있는 소신으로 여겨진다.

이모작을 시작할 나이쯤 되면 적어도 자신이 무엇을 좋아하는지 알게 되거나 아직 좋아하는지 여부는 알 수 없지만 뭔가 재미있는 취미를 가져보고 싶다는 충동은 느끼게 된다.

취미생활을 가볍게 생각할 게 아니라 그 속에 나의 퍼스널 브랜드가 숨어 있다고 생각하면서 취미를 발굴하고 살려나가면 의외로 재미있고 보람 있는 일자리를 찾을 수 있다.

그림이든 서예든 동화책 읽기든 한국어 코칭이든 사진 찍기든 글쓰기든 말하기든 찾아보면 장기가 얼마든지 있다.

사소하게 생각하면서 너무 겸손하거나 소극적인 자세가 퍼스널 브랜드를 발굴하는 데 오히려 장애가 된다.

자신의 브랜드 스스로 찾기

자신이나 사회에 해악을 끼치지 않는 건전한 취미생활이라면 우리 주변에 얼마든지 널려 있고 재발견하여 내 것으로 구체화할 수 있다.

배우자나 자녀에게 자신의 취미를 소개하여 동의를 구하는 것도 좋은 방법이다.

때로는 자신이 잘하는 것을 본인보다 가족이나 친구 등 주변 사람들이 객관적으로 더 잘 알아볼 수도 있다.

처음에는 어설퍼 보이고 미약하지만 꾸준하게 취미도 갈고 닦으면 얼마든지 일자리 창출로도 이어질 수 있다.

취미로 하던 일이 열심히 하다 보니 전문가 수순까지 이른 예는 숱하게 찾아볼 수 있다.

성균관대 경영전문대 오원석 교수는 조선왕조 리더십의 비밀이라는 강연을 한다.

그는 취미로 공부했다고 하는 조선왕조의 역사와 인물을 역사학자보다 더 해박한 한문 지식과 능수능란한 말솜씨로 청중을 깜짝 놀라게 했다.

자신은 전공이 아니라고 겸손해 하지만 그의 내공은 이미 전문가의 영역을 뛰어넘었다.

취미 속에서 자신의 브랜드를 찾아보자. 아주 가까이 내가 좋아하고 재미있어 하는 일에서 일자리는 찾아낼 수 있다.

브랜드를 멀리서 찾지 말자. 사소한 데서라도 관찰력을 발휘해 그것을 끄집어내서 발전시켜 보자.

내 브랜드는 내가 찾고 만들자.

창직에 전념하라

나만의 창직 필요

새로운 직업을 만드는 창직創職을 다른 말로 뉴비즈니스New Business라 한다. 그렇게 본다면 창직은 전혀 새로운 단어가 아니다. 기업을 일으키고 성장시켜 가면서 뉴비즈니스에 몰두하는 것은 당연한 일이다.

왜냐하면 지금 하고 있는 일이 언제 사라지고 새로운 일이 생길지 모르기 때문이다. 이런 직업의 명멸이 문명의 발달과 더불어 더욱 가속화되고 있다.

그래서 기업마다 연구개발R&D 부서를 사장 직속으로 두고 끊임없이 노력한다.

창직은 모방에서 출발하고 아주 사소한 것의 관찰로부터 시작된다. 지금 하는 일에 플러스알파만 더하거나 빼거나 순서만 바꾸어도 창직은 가능하다.

특히 스마트 시대를 맞아 핸드메이드hand made에 스마트 도구를 융합하는 훌륭한 직업이 탄생되고 상품도 등장한다.

해마다 이때쯤 코엑스coex에서 열리는 핸드메이드 페어에는 수많은 관람객이 찾아오는데 최첨단의 시대에 사람들은 오히려 사소한 수작업에 열광한다.

가격도 싼 편이 아닌데 지갑을 선뜻 연다. 놀라운 일이다.

패러독스 경영으로 세상의 주목을 받고 있는 삼성을 보라.

불과 20년 만에 싸구려 제품 생산의 이미지를 훌훌 벗고 고품질 글로벌기업으로 우뚝 서지 않았는가.

마이클 포터 등 쟁쟁한 경영 구루들이 삼성의 독특한 경영을 놀라운 눈으로 바라보고 있다.

경영 교과서에서 해야 한다고 언급한 일은 마다하고 하지 말아야 한다는 일을 골라 하면서도 지금의 삼성을 이루었으니 더 이상 무슨 말이 필요하겠는가.

자주 다니면 없던 길도 생긴다

세일즈의 달인 하석태 대표는 그의 최근 저서 『딱! 100일만 미쳐라』에서 이런 말을 한다. 길은 원래 없었는데, 사람이 다니다 보니 길이 생겼다는 것이다.

창직이 그렇다. 없는 길도 자주 다니면 길이 생기는 이치다. 창직은 습관이다. 창직을 고민하지 않는 CEO와 그 기업은 미래가 불투명하다.

끊임없이 새로운 시도를 해야 한다. 기업이 살아 있는 한 창직을 위한 고민과 연구는 계속되어야 한다.

창업과 창직은 다르다. 그런데 흔히 이 둘을 혼동하고 있다. 창직한 후 창업할 수 있지만 창직은 지금까지 전혀 없었던 새로운 일자리를 만드는 것이다.

창직의 핵심 요소는 재미와 보람 그리고 수입이다. 먼저 자신이 재미있어야 꾸준히 지속할 수 있다. 하는 일에 보람이 있으려면 내가 아닌 다른 사람에게 도움이 되어야 한다.

재미있고 보람이 생기면 수입은 저절로 따라온다. 그런데 먼저 수입을 챙기려면 재미와 보람이 안개처럼 사라져 버린다.

기업의 재무구조상 연구개발실을 따로 두기 어려우면 CEO 혼자서라도 창직에 몰두해야 한다.

그것이 CEO 자신뿐 아니라 기업을 살리는 길이다.

기업하기가 정말 어려운 시대를 살고 있다.

하지만 정신 바짝 차리고 창직에 전념하면 조금씩 새로운 길이 보이기 시작한다.

이것이 일상이 되어야 한다.

이모작에도 길은 있다

정말 일자리가 없을까

일자리가 없다고 한다. 시니어는 물론 청년들의 일자리도 찾기 어렵다고 아우성이다. 이런 현상은 국내뿐 아니라 글로벌 현상이기 때문에 더욱 앞날이 불투명해 보인다.

우리나라는 지난 30년간의 고도성장이 어느새 멈춰버렸으니 어찌 보면 당연한 귀결이라 볼 수 있다. 정치권을 비롯하여 중앙정부와 지방정부도 일자리 만들기에 부산하다.

엎친 데 겹친다고 스마트 혁명이 IT 환경의 엄청난 지각 변동을 가져오면서 더 많은 일자리를 빼앗아 가고 있다고 한다.

앞날이 불투명하다고 난리 법석이다. 어떻게 해야 하느냐고 모두들 울상이다.

하지만 자세히 들여다보면 길이 전혀 없는 것은 아니다. 길은 있는데 잘 보이지 않아서 그렇다. 그 길을 찾아보자.

새로운 길을 찾으려면 지금까지 가보지 않은 길을 찾아야 하는데 우리는 지나온 길에서 마냥 서성이고 있는 것은 아닐까?

멈춰서서 한 발짝도 발걸음을 옮겨 보지 않고 길이 없을까 봐 걱정만 하고 있는 것은 아닐까?

마치 등산하다 길을 잃은 아이처럼 오도가도 못 하고 울고만 있는 것은 아닐까?

이럴 때일수록 정신을 바짝 차려야 한다. 먼저 두려움을 떨쳐버리고 냉정하게 주위를 찬찬히 살피며 과연 어디에 새로운 길이 있을지 찾아보아야 한다.

스마트폰과 SNS에서 찾는 새로운 길

필자는 새로운 길을 IT기술인 스마트폰과 SNS에서 찾고 있다.

정병길 화가는 아이패드라는 도구를 이용해 그림을 그려 1년 반 만에 개인전 4회와 그룹전 1회를 하면서 아이패드화가라는 직업을 만들어 개인지도를 하고 있다.

얼마 전에는 미래창조과학부와 한국정보화진흥원에서 주관한 시니어 IT 일자리 사례 공모전에서 최우수상을 받기도 했다.

그의 행보는 자신은 물론 퍼스널 브랜딩 코칭을 했던 필자와 주변 지인들을 놀라게 하고 있다.

국내 최초 아이패드 화가라는 타이틀을 달고 그는 앞으로도 승승장구할 것이다. 이게 바로 그와 필자가 새로 발견한 길이다.

인생이모작을 시작하려는 사람들의 공통적인 장애물은 지금까지 한 번도 가보지 않은 길이라고 하여 가려고 하지 않는 데 있다.

가보지 않았더라도 길이 있다는 사실을 믿고 한 걸음 내딛는 용기가 필요하다. 걱정만 하고 주저앉아 있을 때가 아니다. 과감하게 길을 찾으려 하면 발견할 수 있다.

김준성 일자리정치원장에 의하면 정식으로 등재된 일자리 숫자가 미국이 32,000개이고 일본이 27,000개인 데 비해 우리나라는 12,500개에 머물러 있다고 한다.

일자리 수가 반드시 인구수와 일치하는 것이 아니므로 앞으로 더욱 다양한 일자리를 만들어갈 수 있는 여지가 충분하다는 말이 아니겠는가.

이모작을 위해 남겨둔 〈가지 않은 길〉

이모작의 길잡이들, 베이비부머

로버트 프로스트는 〈가지 않은 길〉이란 시에서 "다음날을 위해 한 길을 남겨두었다"고 했다. 그 다음날이 바로 인생이모작이다.

이모작은 지금까지 가보지 않은 길을 선택하고 가보는 것이다.

특히 100세 시대는 지금 지구상에 존재하는 대부분의 사람들이 가보지 않은 길이다.

바로 그 길을 우리 모두 가야 한다. 그 길을 갈 사람들이 여기저기 줄을 서고 있다.

그들을 위해 앞장 설 길잡이가 필요하다.

우리나라 전체 인구의 15%에 해당하는 700만 명의 베이비부머들이 일모작 학교를 졸업하고 속속 이모작에 입학하고 있다. 나이도 점점 젊어지고 있다.

자녀는 부모를 보고 따라하며 후배는 선배의 뒤를 잇는다.

그리고 전체 베이비부머 중에서도 길 안내자가 되어야 할 사람들이 있다. 우리 사회의 지도층에 해당하는 사람들이다.

사회 지도층이라는 말에 어울리게 많이 배웠고, 산업화의 역군으로 국내외를 종횡무진 활약하던 이들의 지식과 경험의 자산 가치는 꽤 높은 수준이다.

그런데 아이러니하게도 정작 그들이 일모작을 마치고 나와서 이모작 시작하는 것을 가장 어려워한다. 왜냐하면 지금까지 누렸던 것들을 내려놓지 못하기 때문이다.

게다가 인간의 본성인 탐욕마저 버리지 못해 더 가지려 하고 더 챙기려 하기 때문이다.

자신보다 더 어려운 자들을 돌아보지 못해서 그렇다.

선발대는 앞장서고 나머지는 뭉쳐서 함께

누구나 처음 가보는 길을 두려워한다.

하지만 군대에서 첨병이 그러하듯 자신보다 뒤에 오는 사람들을 생각하면 그런 두려움 따위는 간단히 날려버릴 수 있다. 그렇게 하고 용감하게 적진으로 뛰어든다.

일모작과는 달리 이모작에서는 일모작에서 쌓았던 지식과 경험을 통해 시행착오는 크게 줄일 수 있다.

나보다 남을 생각하면 모든 길은 저절로 열리게 되어 있다.

중앙정부나 지방정부 또는 기업들의 복지 혜택도 더 어려운 자들에게 양보하고 얼마든지 새로운 길을 과감하게 걸어가야 한다. 나만 잘 살아보자고 아등바등하지 말고 함께 가는 길을 택해야 한다.

이제 그 길을 함께 가자. 앞에서 끌고 뒤에서 밀며 모두 같이 가자. 선발대는 앞서가고 나머지는 뭉쳐서 함께 가자.

등산을 하다 보면 도무지 보이지 않던 길이라도 헤쳐 나가다 보면 조금씩 보이기 시작한다.

아무도 걸어가지 않았던 길이라도 여러 사람이 계속해서 걷다 보면 길이 생긴다.

우리의 삶은 선택의 연속이다. 좋든 싫든 이왕 가야 할 길이라면 기쁘게 가보자.

나만 생각지 말고 내 발자국을 따라 안전하게 뒤따라 걸어올 사람들을 생각하며 보람을 갖고 가자.

어찌 보면 지금까지도 새로운 길을 걸어왔고 지금 걷고 있으며 앞으로도 계속 걸어갈 것이다.

이것이 우리 삶인데 어쩌랴?

평생교육과 이모작

평생학교도 필요하다

세상이 급변하고 있다.

모든 것이 변해가는 세상에 적응하면서 때로는 앞서가려면 끊임없이 배우고 익혀야 한다.

지금이야말로 평생교육의 시대다.

많은 대학이 다양한 프로그램으로 평생교육원을 운영하고 있지만 아직도 평생교육에 대한 열의는 비교적 낮은 편이다.

한국방송통신대학교가 요즘 인기라고 한다. 학력이 필요해서 입학하는 경우도 있지만 평생학습을 위해 입학하는 사람들도 꽤 많다고 한다.

더러는 1개 학과를 졸업하고 다시 다른 학과에 입학해서 공부하기도 한단다.

고무적인 현상이라고 할 수 있다. 하지만 한국방송통신대학교만으로는 턱없이 부족하다.

출산율이 낮아지면서 초등학교부터 취학 인구가 크게 감소하고 있다. 무분별하게 규모를 키워 놓은 대학도 학생이 줄어들면 문을 닫아야 할 지경에 이른다.

특히 지방대학은 벌써부터 심각하다.

평생교육은 이런 대학을 위한 하나의 대안이 될 수 있다.

학기 중에는 학생들이 교실을 사용하고 방학 때는 평생교육을 위해 비어 있는 교실을 충분히 활용할 수 있다.

다양한 지식과 경험과 전문성을 갖춘 퇴직자들을 강사로 영입하면 알찬 평생교육을 할 수 있다.

누구나 가르치고 누구나 배우는 그런 학교가 평생학교다.

평생학교의 모범 사례로 우리나라의 '지혜로운 학교'를 들 수 있다. '지혜로운 학교'는 U3A, University of 3rd Age이다.

U3A, 지혜로운 학교

U3A는 프랑스에서 처음 시작하였지만, 지금은 영국 런던에서 대단히 성공적으로 운영 중인 인생이모작 학교다.

이 학교의 특징은 무엇보다 누구든지 자발적으로 참여해서 강사가 되고 누구든지 배울 수 있다는 것이다.

평생교육원은 U3A를 벤치마킹하고 더욱 발전시키면 크게 도움이 될 것이다.

대학의 평생교육을 위해서는 무엇보다 오너와 최고경영자의 과감한 결단이 필요하다.

AMP과정처럼 수익 창출을 우선하지 말고 온 국민의 사랑을 받는 평생교육의 장으로 키워가야 한다.

운영의 묘를 살리면 비용을 최소화하면서도 얼마든지 평생교육원을 운영할 수 있다.

나이 50이나 60쯤 되면 자신은 겸손의 미덕을 발휘해서 잘 나타내지 않지만 여러 방면에서 꽤 실력을 갖춘 사람들이 있다.

우리는 아쉽게도 우리끼리 비교하는 경향이 있는데 실상 다른 나라 사람들과 비교하면 대단한 지식과 경험을 가진 사람들이 많다. 이런 사람들이 마음껏 그런 것들을 나눌 수 있는 마당을 마련해 준다면 어떨까.

세상은 변한다. 앞으로는 더 빨리 변해 갈 것이다. 지금 우리에게는 무엇보다 적응력이 필요하다.

적응력을 키우려면 새로운 지식과 경험을 공유하는 실험정신이 절실하다.

전국의 평생교육원을 함께 살려보자. 평생교육원을 통해 인생 이모작을 시작해 보자.

창직으로 이모작하라

창직 전문가

창조경제의 핵심은 창직이다. 창직은 새로운 직업을 만들어내는 것이다. 지금까지 없었던 일자리를 찾아내는 것이다.

박근혜 정부가 창조경제를 외치며 출범한 지 벌써 2년이 되어가지만 새로운 직업을 만들어내는 일에는 소홀히 하고 공공부문 취업 일자리 개수 채우기에만 동분서주하고 있다.

아무리 대통령이 나서서 애를 써도 공무원들은 주어진 예산과 일자리 숫자 목표관리에 열중하다 보니 새로운 일자리 만들기는 등한시하게 마련이다. 이것이 엄연한 현실이다.

과연 우리는 어떻게 지혜로운 창직에 성공할 수 있을까?

한국능률협회 임상철 부문장은 창직 전문가다.

그는 최근 출간한 책을 통해 우리의 살길은 신직업과 창직이라고 단언했다. 크게 공감한다.

그가 창직 전문가가 된 배경에는 1997년 말 IMF 외환위기가 있었다.

기업이 도산하고 심지어 대기업조차 쓰러지는 상황이 도래하면서 이 여파가 그의 직장에도 미쳐 절대 절명의 위기에 몰렸을 때 그는 직업전환센터를 만들어 웨딩플래너와 병원코디네이터 등 수십 가지 직업을 만들어냈다.

정말 대단한 일이다.

그는 어릴 때 연탄가스 중독으로 공부를 하지 못해 고졸 학력으로 직장에 취업했으나 지금은 승승장구하고 있다.

창직의 성공 비결은 간절함이다

그렇다면 무엇이 그로 하여금 창직 전문가가 되게 했을까?

답은 의외로 간단하다. 간절함이 있었기 때문이다.

그의 절실함이 자신에게 국한하지 않고 그가 속한 기업을 위해 나아가 그와 필자가 속한 우리나라를 위해 일하게 만드는 원동력이 되었던 것이다.

오늘도 수많은 베이비부머들이 직장을 떠나 새로운 일자리를 찾고 있다. 재취업이나 창업을 위해 여기저기서 몸부림치고 있다.

하지만 진정한 나만의 영속적인 일자리를 위한 창직에 눈을 뜨는 사람은 소수에 그친다.

호기심으로 가득차고 절실함으로 무장하면 창직의 세계가 눈에 들어온다.

창직을 하라. 사소해 보이고 당장 수입이 없어 보이지만 지금까지 세상에 없었던 새로운 일을 만들고 다른 사람에게 유익을 주면 차츰차츰 수입도 생기게 된다.

창직은 공짜도 아니고 하루아침에 이루어지지도 않는다. 끈기를 가지고 꾸준히 노력하면 없던 길도 보이기 시작한다.

실은 없었던 길이 아니라 있었지만 그때까지는 자신이 보지 못했던 길이다.

마크 셰퍼는 『슈퍼커넥터』라는 책을 통해 다른 사람에게 좋은 일을 해주고 나면 그들에게 따로 도움을 청할 필요가 없다고 했다. 이것이 바로 맥아더스쿨이 경험하고 지향하는 창직의 실마리다.

직업 속에 직업 있다

창조경제의 핵심은 일자리 창출이다

일자리 창출에는 새로운 직업을 만드는 창직이 가장 바람직한 방법이다. 그러면 과연 어떻게 새로운 직업을 만들까.

이미 알려진 바와 같이 선진국에는 아주 이색적인 직업이 많다. 개발도상국이나 후진국에서 그저 하나의 직업으로 분류하고 있는 직업도 그 속을 자세히 들여다보면 더 세분화된 직업이 있다.

이렇게 본다면 창직은 직업을 만드는 것이 아니라 찾아내는 것이다. 산업화 시대에는 소품종 대량생산이 성공 요인이었다면 지금은 다품종 소량생산이 각광을 받고 있다.

구매력이 높은 선진국 국민들은 획일화된 제품이나 서비스보다 나만을 위한 맞춤식을 원하고 있다.

이색 직업의 사례는 얼마든지 있다. 레고 모델 조립사, 아기 똥

진단사, 항공기 회수인, 디지털 장의사, 화이트 해커, 주사위 품질 관리사, 빗물 사용 전문가, 잠수함 요리사, 미스터리 쇼퍼, 인어, 의안 디자이너, 막걸리 소믈리에 등.

이름만 들어도 웃음이 절로 나오는 직업들이다. 지난날 먹고 살기 힘들었을 때는 우리도 이런 직업을 보고 들으면 참 배부른 소리하고 있다고 그냥 웃어 넘겼다.

하지만 국민소득 2만 달러를 넘어선 지 오래고 앞으로 3만 달러, 4만 달러 이상 선진국으로 가려면 웃음을 거두고 이제 이런 직업을 찾아나서야 한다.

당연히 대상이 되는 시장도 우리나라에 국한하지 말고 중국과 일본 그리고 러시아까지 내수시장으로 생각해야 한다.

습관처럼 일자리 만드는 사회 분위기가 중요하다

한국능률협회 임상철 이사는 정부에도 일자리창출 부서를 만들고 집중해서 일자리를 만들자고 제안한다.

그는 1997년 IMF외환위기 이후 새로운 일자리를 30여 개 만들었다. 참 대단한 일이다.

그의 제안은 민간 차원에서도 창직은 가능하지만 정부에서 앞장서면 더 많은 일자리를 만들 수 있다는 것이다.

크게 공감이 가는 바다.

이제 교육도 달라져야 한다. 대학입시 위주의 일방적인 주입식

교육으로는 일자리를 만들 수 없다.

적어도 전 국민이 중학교부터 창직에 눈을 뜨도록 교육 시스템을 바꿔야 한다.

아니 우선 대학부터라도 바꾸면 가능성이 열린다.

일자리 창출은 남의 일이 아니다. 바로 나의 일이며 우리 후손들을 위한 길이다.

직업을 분석하고 쪼개어 세분화하는 일을 생활화해야 한다. 습관처럼 일자리를 만들어 가야 한다. 가능하면 남이 하지 않는 일을 해야 한다.

다채로운 직업의 종류는 인터넷을 통해 얼마든지 찾아낼 수 있다. 사회적인 분위기를 바꿔 이런 일을 찾아내고 시도하는 사람들을 격려하고 지원해야 한다.

대기업과 중견기업들도 욕심을 버리고 이런 다양한 일을 하는 사람들과 상생하도록 해야 한다.

직장생활을 하면서도 투잡이 가능하도록 기업들도 커리어 개발을 독려해야 한다.

눈앞에 닥친 일만 하다가 서서히 침몰하는 타이타닉이 되지 말아야 한다. 직업 속에서 새로운 직업을 찾아내야 한다.

투잡two jobs

투잡이 필요한 100세 시대

투잡two jobs이 일반화되고 있다.

군이 정년퇴직이 아니어도 100세 시대를 살아가려면 적어도 75세까지는 현역으로 일을 해야 한다.

그렇다면 이제부터 나이에 상관없이 투잡을 염두에 두고 준비해야 한다.

과거 산업화 과정에서는 대기업을 시작으로 한 직장에 몸을 담으면 다른 일을 하는 것이 금지되었다.

행여 직장에 다니면서 다른 일을 겸해서 하다가는 괘씸죄에 걸려 그 직장마저 잃기도 했다. 게다가 그럴 필요조차 없었다.

하지만 지금은 세상이 달라졌다. 한 직장에서 한 가지 일만 하다가 퇴직을 하면 다른 직장을 찾기도 어렵고 창업이나 창직도 아주 길고 긴 시간이 소요된다.

그러면 과연 투잡을 하기 위한 직업이 있는가. 물론 있다. 우리 주변을 돌아보면 앞으로 할 수 있는 일이 얼마든지 있다.

양평 미리내힐링클럽에는 50여 필의 말이 있는 승마장이 있다. 이광섭 대표는 승마야말로 사춘기 아이들에게는 인성교육으로 꿈과 비전을 안겨주고 사추기 여성들에게는 힐링을 할 수 있게 해주는 정말 중요한 생활스포츠라고 말한다.

그의 이야기를 들어보면 승마와 관련된 직업만 해도 그 종류가 아주 많다. 수의사, 마필관리사, 장제사, 승마 지도사, 승마 프로 선수, 조련사뿐 아니라 파생직업으로 승마 패션, 승마 이벤트, 사료 생산자 등 정말 다양하다.

직업도 멀티 플레이어가 되자

세월과 함께 사라지는 직업이 있는가 하면 새롭게 떠오르는 직업도 많다.

필자가 직장에 다니던 1988년 서울올림픽 기간에 영국 출장을 간 적이 있었는데, 주5일 근무하는 직원 중에는 토요일과 일요일 이틀 동안 아마추어 축구 심판으로 활약하는 직원들이 몇몇 있었다.

당시로서는 참 생소했다. 또한 필자가 경력직원으로 입사했던 글로벌 C은행에서는 커리어 개발career development이라는 사내 프로그램이 있어서 끊임없이 직원들에게 자신의 미래를 위해 직장에서 일을 하면서도 노력할 것을 독려하기도 했다.

국내의 지사에서 5년 남짓 근무했던 필자로서는 쉽사리 이해하기 힘든 회사 측의 대단한 배려였다.

수명이 늘어나고 고도성장이 멈추어 기업들의 부침이 빨라지다 보니 이제는 정년퇴직이 아니어도 언제든지 직장을 퇴직할 수 있다는 생각을 갖고 투잡을 시작해야 한다.

직접 몸으로 때우는 일은 투잡이 쉽지 않지만 머리를 써서 하는 일은 얼마든지 가능하다.

넋 놓고 한 가지 일만 하다가는 갑자기 들이닥치는 퇴직에 당황하여 허둥대면서 아무 일도 하지 못하게 된다.

멀티 플레이어가 되어야 한다. 일모작에서는 뽑혀서 일을 했다면 이모작에서는 자신이 선택하여 일을 할 수 있어야 한다.

차일피일 미루지 말고 지금부터라도 시작하자.

왜냐하면 결코 그런 날이 닥칠 거라고 생각하지 않은 날 갑자기 퇴직하게 되기 때문이다.

뒤집어 보기

역발상의 일자리 법칙

바로 보면 잘 보이지 않는 것들이 뒤집어 보면 새롭게 보인 경험이 있을 것이다.

뒤집어 보면 새로운 일자리도 보인다. 역발상의 법칙이 이런 경우에 사용된다.

지금 우리나라의 시급한 화두는 단연 일자리 창출이다. 고도성장 엔진이 멈추고 경기침체가 이어지면서 청년 실업은 갈수록 사회 문제가 되고 있으며 게다가 베이비부머들의 퇴직으로 구직자들은 점점 늘어나는데 정작 일할 곳이 없다고 아우성이다.

정부도 기업도 안간힘을 쓰지만 이런 현상이 장기화 되면서 피로감이 누적되고 있다. 결국 일자리 창출은 새로운 직업을 발견하고 만들어야 가능하다.

중장년의 재취업 가이드라는 프로그램 생방송에 패널로 출연해보니 재취업에 대한 얘기는 자연스럽게 이루어지지만 정작 창업이나 창직에 대해서는 이야기의 실마리를 찾아내기가 그다지 쉽지 않다.

하지만 매사를 뒤집어 보면 세상을 보는 시각이 달라진다.

한 마디로 관점을 바꾸면 다르게 보이고 다르게 보이기 시작하면 뭔가 전혀 새로운 일자리도 만들어낼 수 있다는 것이 필자의 생각이다.

10년 앞둔 〈무한도전〉의 성공 사례

며칠 전 한국능률협회 조찬 모임에서 MBC 〈무한도전〉 김태호 PD의 강연이 인상 깊었다.

지금은 대단한 인기를 누리는 무한도전이 시작된 지 벌써 10년을 앞두고 있지만, 초기에는 과연 어떻게 그 프로그램을 진행해야 할지 막막했단다.

특히 7명의 출연자를 촬영하기 위해 겨우 2대의 카메라로서는 턱없이 부족해 결국 어렵사리 카메라를 8대로 늘리면서 편집의 기술을 최대한 발휘함으로써 오늘의 무한도전과 여러 예능 프로그램의 성공을 가져오게 되었다고 했다.

김정운 문화심리학자도 연초 KBS2 3회 연속 특별 프로그램을 통해 창조는 편집이라고 역설했다. 바로 이거다.

편집의 기술에서 창직의 모티브를 찾아보면 어떨까?

세상에 많은 사람들이 살고 있지만 인간은 저마다의 프레임에 갇혀 자신이 보고 싶은 세상만 보고 산다.

이럴 때 가끔은 물구나무를 서듯 거꾸로 서서 세상을 바라보자. 한 번 뒤집어엎어 놓고 상황이나 사물을 바라보자.

돼지는 평생 땅만 보고 살다가 땅에 쓰러지면 그제야 하늘을 본다고 한다. 직립 보행을 하는 인간은 서서만 생활하다 보니 가끔은 거꾸로 서 주는 것이 건강에 좋다고 한다.

바로 서서 보이지 않았다면 한 번이라도 거꾸로 서서 생각을 바꿔보자. 관점을 다르게 해보자.

안 된다고만 말하지 말고 먼저 해보고 말하자.

쉽지 않을 것이다. 하지만 꾸준히 뒤집어 보면 다른 세상을 경험하게 된다. 그래야만 새로운 일자리도 보이기 시작한다.

가급적 시행착오를 피하려는 생각을 접고 한 번이라도 더 해보려고 노력해 보자.

조급하지 말고 차근차근 뒤집어 보면 뭔가 눈에 들어오기 시작할 것이다.

인생이모작 코디네이터

베이비부머들을 위한 새로운 직업 길잡이

수많은 제1세대 베이비부머들이 직장에서 쏟아져 나오고 있다.
50대 중후반이면 아직 젊고 얼마든지 일할 수 있는 나이지만 세
계적인 경기침체와 우리나라의 저성장 여파로 떠밀려 나오고 있
는 것이다.

이들을 위해 정부나 기업들이 안간힘을 쓰고 있지만 역부족이
다. 퇴직한 후 재취업이나 창업 또는 창직을 하기 위한 정보도 부
족하고 간혹 이에 관한 정보가 존재하긴 하지만 과연 그 정보를
충분히 이해하고 자신의 경력에 맞추기가 어렵다.

그래서 이런 베이비부머들을 위한 길잡이 역할이 필요하다. 바
로 새로운 직업인 인생이모작 코디네이터가 그것이다.

베이비부머가 700만 명에 이르니 인생이모작 코디네이터가 적

어도 0.1%에 해당하는 7천 명, 아니 0.01%에 해당하는 700명이라도 필요하리라는 것이 필자의 생각이다.

왜냐하면 서울을 포함한 수도권뿐 아니라 전국에 걸쳐 필요하기 때문이다.

코디네이터들이 할 일은 참으로 중요하고 많다.

어찌 보면 이들의 눈부신 활약으로 우리나라가 새로운 성장 동력을 만들 수도 있을 것이다.

정부뿐 아니라 기업들도 이에 대한 관심과 지원이 절실하다.

이를 위해서는 무슨 자격증 따위가 필요한 것이 아니다. 무엇보다 먼저 100세 시대에 대한 인식전환과 더불어 선진국으로 도약하기 위한 새로운 직업 만들기에 눈을 뜨면 누구든지 가능하다.

맥아더스쿨의 인생이모작 코칭

맥아더스쿨은 이를 위해 4년 전부터 꾸준히 노력해 왔다.

하지만 이제 우리나라 전체를 내다보고 좀 더 큰 그림을 그려야 할 필요성이 대두되었다.

결국 인생이모작 코디네이터들은 인생 코치의 역할을 담당해야 하기 때문이다.

먼저 마인드가 철저하게 미래지향적으로 바뀌어야 하고 스마트워크로 무장해야 한다.

퇴직 후 단기적인 재취업과 창업보다는 장기적인 창직을 하려면 지금까지 우리에게 없었던 새로운 직업을 만들어내는 능력이 필요하므로 꾸준한 코칭과 시행착오를 거쳐야 한다.

너무 오랫동안 일모작에서 굳어졌던 생각을 바꾸려면 꽤 시간이 걸릴 것이기 때문이다.

어렵고 힘들지만 우리가 가야 할 길은 명약관화하다. 창직만이 살 길이다. 더 이상 창조경제를 말로만 하지 말고 한 가지라도 직업을 만들어보려는 시도가 더욱 강조되어야 한다.

말은 이미 많이 해왔다. 정부만 믿어서도 진전이 없다.

먼저 자신의 마인드를 바꾸고 세상을 보는 시각을 달리하고 호기심을 키워 미래를 위해 시간과 노력을 아끼지 말아야 한다.

지금까지 걸어보지 못한 이 길이야말로 우리뿐 아니라 후손들도 나아가야 할 길이라고 생각하면 이 일에 더욱 박차를 가해야 한다.

창직의 선봉에 서야 할 '인생이모작 코디네이터'라는 직업부터 만들어보자.

먼저 이들의 생각과 행동이 바뀌면 전국에서 창직의 불씨를 살릴 수 있을 것이다.

퇴직은 없다, 창직이다

퇴직이 아니라 전직이라는 생각

일모작 직장을 퇴직하는 베이비부머는 스스로 이것은 퇴직이 아니라 직업을 바꾸는 전직이라고 생각해야 한다.

이미 인생이모작이 보편화되는 추세에 이르렀는데 나 홀로 여전히 일모작 퇴직을 은퇴로 알고 뒷짐 지고 물러나려고 하는 것은 오판이다.

반세기전 세계 최빈국으로 알려졌던 우리나라가 이제 살만 해지니 여기저기서 힐링을 해야 한다고 아우성이다.

그 내용을 자세히 들여다보면 대체로 삶에 여유가 있는 사람들이 삼삼오오 모여 여가를 즐기는 수준이다.

하지만 기억해야 한다. 인간에게 최고의 힐링은 아침에 일어나 무언가 할 일이 있다는 것이란 사실을.

전직을 네이버 사전에서는 직업을 바꾸어 옮김이라고 했다. 그렇다. 전직은 직업을 바꾸는 것이다. 전직 중의 전직은 창직이다. 창직은 새로운 직업을 만드는 것이다.

　창직이야말로 이 시대가 요구하는 것이다. 아니 지금 세대뿐 아니라 다음 세대를 위해서도 창직을 해야 한다.

　먹고사는 문제를 어느 정도 해결하고도 우리는 여전히 먹고사는 문제로 전전긍긍하며 살고 있다.

　천연자원이 부족해서 그렇단다. 좁은 땅덩어리에 너무 인구가 많아 그렇단다.

　하지만 아니다. 우리의 조급함이 우리 스스로의 목을 더욱 옥죄고 있다. 새로운 직업 만들기에 우리 모두가 눈을 뜨면 새로운 세상이 열린다.

생각을 바꾸고 간절함만 더하면 새로운 직업

　새로운 직업은 반드시 직장을 옮겨야 하는 것은 아니다. 지금 그 자리에서도 얼마든지 가능하다.

　생각을 바꾸고 간절함이 있으면 할 수 있다.

　일상 업무 가운데서 아주 작은 프로세스 하나만 바꾸어도 새로운 직업은 만들어질 수 있다.

　핵심은 발상의 전환이다. 주어진 일만 그냥 하면 된다는 지극히 수동적인 태도를 벗어버리고 방법을 바꾸고 순서를 고치면 새로운 직업이 탄생할 수 있다.

회사마다 뉴비즈니스를 연구하는 팀이 존재하거나 작은 기업은 오너가 직접 담당하기도 한다.

뉴비즈니스는 창직이다. 창직만이 우리 모두의 살 길이라는 생각으로 임해야 한다.

일모작은 창직을 위한 아주 좋은 테스트 베드였다. 많은 것을 배웠고 또 많은 사람을 알게 되었다.

먼저 지금 몸담고 있는 직장에 대해 고마워하는 마음을 가져야 한다. 월급을 받아가며 많은 것을 배웠으니 그렇다.

창직은 새로운 파생 직업을 만들어낸다. 반드시 머리가 좋아야 창직을 할 수 있는 것이 아니다.

생각을 뒤집으면 새로운 직업이 보인다. 끊임없이 왜 그런지 묻고 호기심으로 무장하면 새로운 직업이 보이기 시작한다.

직업 만드는 일을 일상화해보자. 습관처럼 창직을 꿈꿔보자. 꿈은 반드시 이뤄진다.

먼저 발을 내디디면 안개가 걷히고 새로운 직업이 하나둘씩 눈에 들어오게 될 것이다.

멀리 가려면 함께 가라

창직은 마라톤이다

인생이모작을 위한 새로운 직업 만들기는 마라톤이다.

창직은 멀고 험한 길이다. 그래서 혼자 가기 힘들다.

빨리 가려면 혼자 가고 멀리 가려면 함께 가라고 한다.

100세 시대에는 함께 가야 한다.

지난 40년 우리는 치열한 생존 경쟁을 위해 나 외에 어느 누구와도 경쟁하며 살았다.

하지만 지금은 경쟁보다는 차별화를 통한 비교 우위를 지향해야 한다. 온리원이 되어야 한다.

가치를 발견하고 이를 위해 협업해야 한다.

독불장군은 없다. 다른 사람을 경쟁자가 아닌 동반자로 보는 시각이 필요하다. 그래야 함께 발전할 수 있다.

이기심을 버려야 협력이 가능하다.

남극 펭귄들의 생존전략은 너무나 유명하다.

영하 50도를 넘나드는 남극에서 펭귄들은 수 천 마리가 뭉치면 살고 흩어지면 죽는다는 절대 절명의 본능으로 추위와 굶주림을 이겨낸다.

펭귄의 털 두께가 겨우 1cm인데 맹추위 속에서 펭귄과 펭귄 사이가 2cm만 벌어져도 다시 밀착을 시도한다고 한다.

지금 시대는 협업의 시대다.

무슨 일이든 개인이나 국가 혼자서는 살아갈 수 없기 때문에 서로 연결하여 시너지를 내려 한다.

개인이 협업을 하고 국가끼리 연합을 하는 이유다.

이렇게 연합할 때 언제 불어 닥칠지 모르는 갖가지 위험을 이겨낼 수 있다.

혼자가 아니라 함께 가면 가능한 길

창직을 위한 연구와 노력은 지속되어야 한다.

아이패드화가, 모바일 쿠킹, 아이패드 닥터 등 창직 사례가 이어지면서 필자는 서서히 새로운 직업 만들기에 눈을 뜨고 있다.

양파 껍질을 벗기듯 한 꺼풀씩 차례로 벗겨 가면 다시 새로운 직업이 눈에 띈다. 신기하기도 하고 재미있기도 하다.

무엇보다 혼자가 아니라 함께 열어가는 새로운 직업 만들기라서 더욱 보람이 있다.

많은 일모작 퇴직자들이 재취업이나 창업을 하기 위해 동분서 주하고 있다.

그렇지만 창직을 꿈꾸는 사람들은 아직 소수에 불과하다.

재취업이나 창업이 어렵다면 창직은 더 어렵다. 하지만 어려워 도 시작해야 한다. 혼자서는 어렵지만 힘을 합하면 가능하다. 무 엇보다 간절하면 눈에 보인다.

조급함을 멀리하고 인내심을 갖고 꾸준히 노력하면 자기 안에 잠들고 있는 거인을 깨울 수 있다.

누구나 거인을 품고 산다. 들이대 정신과 협업하려는 마음가 짐으로 임한다면 가능하다.

인간은 태어나면서부터 탐욕으로 가득 차 있다. 하지만 협력 은 이런 이기심을 이길 수 있는 최고의 무기다.

자신을 내려놓고 진심으로 남을 도와 보람을 느낀다면 수입은 자연스럽게 따라온다는 비즈니스의 성공 법칙을 깨달아야 한다.

마라톤은 시작되었다. 이제는 자신과의 싸움이다.

외롭지만 그래도 함께 달리면 결국 목적지에 이를 것이다.

잡 마인드

직업에 대한 생각은 어릴 적부터 해야 한다

그 까닭은 나이가 들면 들수록 머릿속에 이것저것 걸리는 것이 많아 진득하게 한 가지에 집중하기가 어렵기 때문이다.

흔들리지 않고 끊임없는 반복을 통해 성공과 실패를 거듭해야만 확고한 자기 나름대로의 잡 마인드Job Mind가 세워진다.

도대체 앞으로 세상이 어떻게 변할지 모르는데 잡에 대한 깊은 성찰이 없다면 무슨 일을 도모하겠는가?

그러므로 적어도 우리나라의 경우 중학교에 들어갈 연령, 즉 14세나 15세부터 잡에 대한 생각을 가질 수 있도록 부모와 교사와 기성세대가 가이드를 해야 한다.

이는 13세 때부터 이런 방법을 사용하는 독일과 유태인들이 좋은 사례다.

필자가 지난 4년여에 걸쳐 160명 이상 일대일 코칭을 해본 결과 나이가 들수록 변화에 민첩하지 못하고 고정관념과 더불어 주위 사람들의 눈치를 보느라 자신만의 잡에 대한 집중도가 현저하게 떨어지는 것을 알게 되었다.

일주일에 한 번씩 만나 코칭을 하고 다음 주에 만나면 또 다시 그 이전으로 돌아가는 현상을 보게 되었다.

의심이 많고 행동으로는 옮겨보지도 않고 결코 일어나지 않을 일을 머릿속으로 걱정을 한다. 이런 일이 반복되면 자기 자신에 대해 신뢰를 하기가 점점 어려워진다.

그래서 아직 미숙하지만 어릴 때부터 잡에 대해 두려움이 없고 긍정적인 마인드가 자리를 잡아야 하는 것이다.

잡에 대한 인식은 인생의 동기부여

흔히 지금의 중학생들이 가장 무섭다고 한다.

사춘기에 접어드는 나이가 되었으니 언행이 격해지고 공부가 잘 안 되는 아이들은 당연히 정규 수업 시간에도 집중하지 못한다. 여러 가지 이유로 가정불화도 많은 시대를 살다 보니 가정에서도 그들을 올바르게 지도하기가 어렵다.

결국은 왜 배워야 하는지에 대한 동기부여 없이 그냥 두면 누구라도 삶이 즐거울 수 없다.

이럴 때 잡에 대한 올바른 인식을 심어주어 스스로 깨달음에 이를 수 있게 한다면 사춘기를 거뜬히 넘기는 것은 물론 자신의 평생 잡에 대한 방향을 세울 수가 있다.

이런 관점에서 가정과 학교와 사회가 그들을 지도해야 한다.

그들은 더 이상 어리지 않다. 아직 성인은 되지 않았지만 그들은 우리의 미래다.

그들이 제대로 성장해야 우리의 미래도 밝을 수 있다.

15세에 잡에 대한 마인드를 갖게 되고 20대 후반이 되면 이미 10년 이상 잡에 대한 경륜을 쌓을 수 있다.

제발 이제 헛수고 그만하고 이들을 올바른 길로 인도하는 기성세대의 역할을 다해보자.

1970년대나 1980년대에 중학교 다닐 때부터 잡에 대한 교육을 받고 비인문계 고등학교에 진학했던 지금의 5060세대는 인생이모작에서도 확실하게 두각을 나타내고 있다.

생각은 그만하고 이제부터라도 행동하고 실천하자. 자녀들이나 손자들의 진로를 주의 깊게 살펴 올바른 길로 인도해야 하는 사명이 우리에게 달려 있다.

제5부
맥아더스쿨,
코칭의 마력

나이는 숫자에 불과하다

평균수명 연장과 조기은퇴의 미스매치 심해져

1950~60년대 비해 우리나라 국민의 평균수명이 20년 이상 늘어났다. 1970년대만 해도 60세를 넘기가 어려워 회갑잔치를 성대하게 치렀는데 지금은 회갑 때가 되면 조용히 부부 둘이서 여행을 다녀오는 정도로 바뀌었다.

필자의 백부님 두 분이 모두 60세를 넘기지 못한 것으로 기억한다. 하지만 가친은 지금 86세이시다. 그래서 지금의 나이에 70%를 곱하면 1970년대의 나이에 해당한다고 하나 보다.

정신 연령이든 육체 연령이든 나이가 숫자에 불과함을 현실적으로 느끼게 되는 대목이다.

하지만 고도성장 시대가 지난 지금 오히려 기업에서는 정년이 낮아지고 심지어 1997년 IMF 외환위기를 겪으면서 평생직장의 개념마저 무너져 정년을 채우지 못하고 퇴직하는 사람들이 늘어날 수밖에 없었다.

그 결과 평균수명은 길어졌는데 직장생활은 짧아지는 소위 미스매치mis-match가 심화되었다.

과연 이런 현상이 앞으로 얼마나 지속될지 모르지만 현실적으로 보통 문제가 아닌 것만은 확실해 보인다.

게다가 국가의 경제력은 세계 10위 안에 들었다고 떠들썩하지만 중산층 이하 서민들의 생활은 날이 갈수록 피폐해지고 있는 실정이다.

더구나 미래성장 동력이 매우 불투명한 상태에서도 삼성전자나 현대자동차 등의 글로벌 기업들이 아직 선전하고 있기 때문에 이만큼이라도 버티긴 하지만 언제 이런 기업들도 정상에서 내려오게 될지 그 누구도 알 수 없는 시대를 우리는 살고 있다.

다시 말하면 불확실성이 일상화된 지금 이 시대다.

5060세대의 역할이 중요해져

하지만 이 모든 상황을 뛰어넘을 수 있는 것이 바로 인간의 의지라고 할 수 있다.

우리의 산업화 시대와 민주화 시대를 되돌아봐도 그 언제 호락호락한 시절이 있었던가? 지금보다 더 암담했던 시기에도 우리는 세계 속에서 우뚝 일어섰다.

지금은 그 때에 비하면 어느 모로 보나 모든 여건이 나으면 나았지 못하지 않다. 그런데 문제는 기업가 정신이 없어졌고 씀씀이가 헤퍼졌고 기본을 무시하고 단숨에 대박을 터트리려는 한탕주의가 우리를 옥죄고 있다.

세상에 공짜는 없다는 당연한 진리를 무시하고 적게 노력하고 많이 취하려는 얄팍한 생각에 도취되어 있다. 이제 모두가 현실로 돌아와야 한다. 정신을 다시 차려야 한다.

특히 이 시대를 사는 5060세대가 어떤 생각을 하고 어떻게 행동하는가가 매우 중요하다. 왜냐하면 5060세대는 이런 산업화와 민주화의 중심에 섰던 세대이기 때문이다.

비록 세상이 변하여 낀 세대가 되었지만 5060세대의 역할은 아직도 유효하다. 가장으로서, 사회의 리더로서, 후배들의 멘토로서 너무나 해야 할 일이 많다.

겨우 60세를 바라보거나 넘긴 나이에 은퇴를 생각하기보다 아직도 무언가 할 수 있다는 자신감으로 충만하면 가정과 사회와 국가를 위해 할 수 있는 일이 많다.

이제 5060세대여 다시 일어서라. 나이는 숫자에 불과하니 적어도 75세가 넘을 때까지 꿈과 희망을 가지고 다시 시작하자. 행복은 내가 행동할 때 바로 나의 것임을 기억하자.

인생이모작을 준비하라

이모작은 다른 종류의 농작물을 심는 것

이모작이란 농사를 지으면서 같은 땅에 종류가 다른 농작물을 두 번 심어 거두는 것을 말한다. 100세 시대가 열리면서 이제 우리의 삶도 반드시 이모작二毛作이 필요해졌다.

왜냐하면 대부분 직장생활을 경험한 사람은 50대 중반 또는 후반에 퇴직을 하면서 자연스럽게 일모작을 마감하기 때문이다.

여기까지는 큰 문제가 없어 보이지만 일단 일모작을 마치고 나면 도대체 그 다음에는 무엇을 어떻게 해야 할지 막막해서 갈팡질팡하게 된다.

7~80세를 살던 시절에는 일모작을 마친 후에 그냥 노후생활로 마감하였지만 이제는 남은 노후가 너무 길어 소일하고 세월을 보낼 수는 없게 되어 버렸다.

이렇게 수명 패러다임이 완전히 바뀌었지만 아직도 이전의 사고방식으로 일모작 외에는 다른 계획이 없는 사람이 주변에는 너무도 많이 눈에 띈다.

그리고 많은 사람들이 지금까지 해 왔던 일이나 경험을 살려 뭔가를 이어 가보려 하지만 일모작을 시작하거나 한창 열심히 하고 있는 젊은 세대와 충돌하면서 경쟁력을 잃고 방황하는 신세가 되고 만다.

바로 여기서 눈 여겨 보아야 할 단어는 이모작이다.

이모작은 같은 종류의 농작물이 아니라 다른 농작물을 심어야 한다는 것이다.

같은 농작물을 심으면 토양의 성질상 일모작만큼의 결실이 맺어지지 않는다. 이모작을 할 때 비로소 기대 이상의 결과를 가져올 수 있다. 우리의 삶도 마찬가지다.

맥아더스쿨과 함께 인생이모작을 준비하자

일모작에서 얻은 경험과 지식을 살리되 지금까지 해보지 않았던 분야에 눈을 뜨고 평생학습을 통해 새롭게 이모작을 시작하면 의욕도 넘쳐나고 호기심도 발동하며 젊은이들과의 경쟁도 피하게 되어 일석이조 또는 그 이상의 열매를 거둘 수 있다.

이런 면에서 맥아더스쿨이 인생이모작을 준비하는 사람들에게 주목을 받는 것은 어찌 보면 당연하다.

우선 이모작을 준비하려면 자신감과 자존감을 가져야 한다. 그리고 매사에 긍정적인 마인드와 미래지향적인 사고를 가지는 것이 아주 중요하며 또한 어떤 상황에서도 적응할 수 있는 유연성이 키워져야 한다.

여기에 더하여 여태까지의 모든 경험과 지식을 총망라하여 어떤 비즈니스든 본질을 파악하고 다양한 채널을 통해 비즈니스를 홍보할 수 있는 역량을 키우자는 것이 맥아더스쿨의 목표다.

소셜 비즈니스 홍보 코치를 양성하는 맥아더스쿨은 기본적으로 5060세대가 가족을 포함한 가까운 지인들의 비즈니스를 도우려는 마음가짐으로부터 출발한다.

경험이 전혀 없는 인생이모작을 위해 무작정 창업을 하기보다 고령화 문제는 고령으로 접어드는 5060세대가 스스로 나서서 해결한다는 생각으로 새로운 직업을 만들어 가자는 것이다.

이렇게 주변 지인들을 한 사람씩 도와주다 보면 비즈니스 안목도 넓어지고 스마트 도구들을 이용하여 새로운 비즈니스 홍보 방법도 몸으로 체득하게 된다.

행복은 일자리가 있을 때 누릴 수 있는 것이다. 이런 멘토링 mentoring에 대한 관심이 부쩍 늘어나 최근 많은 미디어에서도 관심을 기울이고 있다.

"인생 60부터!"라는 말이 이제는 정말 실감나는 시대를 맥아더스쿨과 함께 이모작으로 슬기롭게 헤쳐 나가면 어떨까?

인생이모작, 사람을 구하라

배워서 남 주자

돈을 벌기 위해 우리는 일을 쫓아다닌다.

평생을 이렇게 돈을 위해 일하다 보면 모든 사람들과 경쟁관계가 되고 심지어 적이 되곤 한다.

이제 인생이모작에서는 일이나 돈보다 사람을 먼저 벌자. 사람을 얻으면 일과 돈은 따라 오게 마련이다.

역설적으로 들리겠지만 필자는 뼈저리게 이를 경험했다.

수년 전 이모작을 시작하면서 스마트폰과 SNS를 접하고 새롭게 배움의 재미를 느끼게 되고 사소한 것 한 가지라도 배울 때마다 주변의 지인들에게 그들이 묻지도 요청하지도 않았지만 유용한 것들을 소개해주기 시작했다.

이렇게 몇 해를 지나다 보니 배움의 즐거움은 더욱 커졌고 지인들 사이에서도 호감을 갖는 분들이 점점 많아졌다.

그리고 필자가 소개한 스마트 도구들을 이용하여 비즈니스나 취미생활에 적용하여 크게 도움이 되었다는 피드백을 들으면 저절로 신바람이 났다.

이때 즈음에 필자의 지인 몇몇 분들이 이런 일을 비즈니스로 만들어 돈을 벌면 어떻겠느냐고 조언을 해왔다.

하지만 필자는 단지 다른 사람들보다 관심을 가지고 먼저 배웠던 것을 나누어주면서 어떻게 돈을 받겠느냐며 사람이 돈보다 더 귀중하다고 대답했다.

사람을 얻으면 천하를 얻는다

세월이 조금 더 지나가며 도움을 주었던 분들의 숫자가 더욱 늘어나자 놀라운 변화가 일어나기 시작했다.

그들이 자원해서 다른 사람을 소개해 주고 강연도 요청하고 심지어 소셜 마케팅 전문가를 보내달라고 정식으로 의뢰하기 시작한 것이다.

그래서 요즘 필자는 그들 덕분에 바쁜 일상을 보내고 있다.

그들이 고마워하며 필자를 도와주니 필자도 그들에게 감사하는 마음으로 더욱 정성껏 강연하고 비즈니스 홍보에 전력을 기울이고 있다.

결국 돈보다는 사람을 얻으니 나머지는 자연스럽게 사람을 따라온 것이다.

젊은 날 이를 알지 못하고 이제야 깨닫게 되었지만 정말 인생이
모작은 사람을 먼저 구하고 사람에게서 답을 찾아야 한다.

모든 일이 사람을 통해 일어나고 비즈니스도 모두 사람이 움직
이는 것이라는 원리를 안다면 돈과 일보다는 사람을 중히 여기고
진심으로 그들을 도와주고 사랑할 때 세상 살아가는 맛을 제대로
느끼게 되는 것이다.

오랜 직장생활을 마치고 은퇴한 많은 분들이 어디서 어떻게 무
엇을 해야 돈을 벌 수 있는지 궁금해 하고 노심초사하며 애를 태
운다.

필자는 자신 있게 말할 수 있다.

먼저 사람을 구하라. 그러면 돈도 일도 행복도 사람이 가져다
줄 것이다.

5070세대여 5070세대여, 입을 닫지 말라

개인주의는 위험하다

모처럼 사우나에 갔다. 등이 근질거려 주위를 살피니 마침 40대 초반의 남자가 탕 옆의 의자에 앉아 쉬고 있었다.

등을 좀 밀어 줄 수 있냐고 물었더니 매몰차게 거절하는 것이었다. 지금까지 평온했던 얼굴이 헐크처럼 돌변하며 마치 원수 보듯 한다. 기가 찼다.

하지만 이번이 처음이 아니기에 이내 안정을 찾았다.

도대체 우리 사회가 왜 이렇게 되었는가? 무슨 생각이 들어 이런 청을 거절하는가?

사람 냄새 내며 살아가는 세상에서 자신과 가족 외에는 모두가 적인가? 어릴 때부터 도대체 무엇을 보고 배웠으면 이런 행동이 스스럼없이 나오는가?

어처구니가 없다.

이건 5070세대의 잘못이다. 산업화 시대에 불어 닥친 도심 집중 현상과 개인주의 성향이 모든 사람을 이렇게 만들어 버렸다.

편안한 주거를 위해 엄청나게 지어댄 아파트도 한 몫을 했다. 아파트에서는 방문만 닫으면 남이다.

가족끼리도 도무지 대화란 꿈도 꾸지 못한다. 그저 하루하루 나만을 위해 살아갈 뿐이다.

그래도 이건 아니지 않은가?

5070세대의 잘못이라고 싸잡았지만 실은 지도자들의 잘못이 더 크다. 한국전쟁 이후 폐허를 딛고 일어서려면 수단과 방법을 가리지 않고 돈을 벌어야 한다는 생각으로 인간성이 상실되어 가는 것을 방치한 결과다.

배려와 존중을 몸과 말로 가르쳐라

이들이 불과 10년이 지나면 은퇴를 한다.

맥아더스쿨에서 코칭을 하며 만난 퇴직자들의 대부분이 왜 막상 퇴직을 하고서야 이런 생각을 하게 되었는지 의아해 한다.

대기업이나 관공서 등 울타리가 튼튼할수록 더욱 앞을 내다보지 못하고 살았던 것을 후회한다.

그때 가서 이게 아니었구나, 삶이란 모두가 더불어 살아가야 하는 것이었구나 하며 뉘우쳐도 지난 세월은 되돌리지 못한다.

이제는 말해야 한다. 자식이든 후배든 맞으면 맞고 아니면 아니라고 말해야 한다. 그저 시대의 뒤안길에서 서성이는 이방인처럼 물러날 때가 아니다.

인생이모작은 이제 시작에 불과하다.

무턱대고 말하자는 뜻이 아니다.

때와 장소를 잘 가려 직무유기하지 말고 할 말은 하자는 뜻이다. 나이 들어가며 말이 많거나 엉뚱한 말을 하면 누구나 싫어한다. 말을 아끼되 아끼지 않아야 하는 말도 있다.

바로 인간의 기본이 되는 배려와 존중이 그것이다.

200년 이상 된 글로벌 기업들의 회사 정책corporate policy이 공통적으로 인간 존중이란 것을 알고 깜짝 놀랐던 적이 있다.

사람을 먼저 생각하지 않으면 언젠가 사람들로부터 외면당한다. 이 정도만 알아도 섣부른 행동을 하지는 않을 것이다.

다음에 사우나에 가면 다시 물어볼 것이다.

"등 좀 서로 밀어주기 하면 어떻겠어요?"

행복한 인생이모작

거울처럼 쳐다보며 이모작을 할 수 있다

　세상에 태어나 살면서 인생 일모작을 마치고 이모작을 시작할 수 있다는 것은 행복이 아닐 수 없다.

　불과 30년 전만 해도 일모작을 마치면 이제 삶을 정리하는 단계에 접어들었지만 지금은 누구도 예외 없이 이모작을 시작할 수 있게 되었다.

　흔히 인생은 연극과 같아서 한 번 무대에 오르면 다시 되풀이할 수 없다고 했는데 이것도 이제는 옛말이 되고 말았다.

　이모작에서는 일모작에서 생각하고 느끼고 경험하고 반복했던 모든 것을 거울처럼 들여다보며 새로운 길을 찾아 나설 수 있게 된 것이다.

　새로운 일에 대한 불확실성으로부터 오는 불안감이 있기는 하지만 다른 한편으로는 아직 걸어보지 못한 길을 걸어볼 수 있다는 기대감으로 흥분도 된다.

적당한 스트레스는 삶의 활력소가 된다고 하는데 이모작을 시작하면서 받는 스트레스조차 선물로 생각한다면 거뜬히 이겨낼 수 있다.

며칠 전 어느 금융기관 은퇴 예정자 90명을 대상으로 미래에 대해 어떻게 생각하느냐는 설문을 해 보았는데 대체로 긍정적이거나 다소 불안하기는 하지만 차근차근 준비하면 무엇이든 할 수 있겠다는 응답을 내놓았다.

결국 모든 것은 자신이 어떻게 세상을 바라보느냐에 달려 있다.

누군가를 도와주면 그들도 나를 도와준다

하지만 같은 설문지에서 은퇴에 대한 배우자의 반응을 물었더니 스트레스를 많이 받고 있다는 응답이 상당수 나온 것을 보고 이모작을 성공적으로 시작하려면 자신뿐 아니라 배우자의 도움이 필수적이라는 생각이 들었다.

인생이모작을 혼자 하려면 힘들어진다. 먼저 배우자와 의논하여 한 마음이 되어야 하고 자녀들에게도 현실을 알려 그들도 동참하도록 해야 한다.

더구나 자녀들이 30년 후에 비슷한 고민에 빠질 때 부모의 지혜로운 판단과 결정이 그들에게도 크게 도움이 될 수 있도록 모범을 보여야 한다.

배우자든 가족이든 친구들이든 긍정적인 자세를 가진 사람들과 가까이 하라.

말뿐 아니라 행동으로 긍정의 에너지를 주고받을 수 있는 휴먼 네트워킹human-networking을 쌓으라.

누구도 피해갈 수 없는 인생이모작이라면 의연하고 당당하게 정면 돌파를 해보려는 자세가 꼭 필요하다.

누군가에게 도움이 되는 사람이 된다면 그들도 예외 없이 당신을 도우려고 애쓸 것이다.

이것이 바로 진정한 원원(win-win) 정신이다.

흔들리지 않고 피는 꽃이 없듯이 불안 가운데서도 꿋꿋이 행복한 인생이모작을 펼쳐나가자. 미래는 우리의 것이다.

평생학습, 몸으로 배운다

배우고 익힌 것은 타인의 유익을 위해

學而時習之不亦說乎(학이시습지불역열호)

"배우고 때때로 익히면 또한 기쁘지 아니한가?"

모두가 잘 아는 논어論語의 학이편學而篇에 나오는 내용이다.

젊은 시절에 벌써 이것을 충분히 이해하고 배움과 익힘의 경지에 든 사람도 더러 있지만 필자처럼 대부분의 경우 나이 들어 그제서야 뒤늦게 깨닫게 되는 것 같다.

평생학습은 몸으로 익혀야 제 맛이 난다.

순발력이야 당연히 젊은이들을 당할 순 없지만 느긋하게 자리를 차지하고 앉아서 새삼 배우고 익히는 것은 결과도 결과지만 그 과정에서 훨씬 더 많은 기쁨을 누리게 되는 것이다.

그러자면 머리로 배우기만 하는 자세보다는 온 몸으로 익히는 숙성이 필수다.

몸으로 익혀야 한다는 말은 눈과 귀로만 보고 듣는 것에 그치면 안 된다는 뜻이다.

직접 손과 발과 입을 사용하여 배운 것을 실천하고 다른 이웃들에게 전달해 주고 활용해야 한다는 말이다.

가장 효과적인 학습은 배우고 익힌 것을 다른 사람에게 그들의 유익을 위해 전파하는 것이다.

그렇게 하면 자연스레 몸으로 익히게 되어 있다.

맥아더스쿨의 비즈니스 홍보 코치 자격

맥아더스쿨에서 비즈니스 홍보 코치를 양성할 때 적어도 10개 이상의 비즈니스 홍보 경험을 갖춰야 코치 자격을 부여하겠다는 목표를 세운 것도 이런 맥락에서 이해할 필요가 있다.

대체로 지금 베이비부머 이상 연령의 세대는 눈으로 보고 귀로 듣고 달달 외우는 학學에는 일가견이 있지만 배운 것을 익혀서 온전히 나의 것으로 만드는 습習에는 서툴기만 하다.

그래서 작은 것 하나라도 직접 해보면서 배우고 익히는 자세가 무엇보다 중요하다.

배워도, 배워도 돌아서면 잊어버린다고 말한다.

겨우 몇 번 해보고는 나에게 맞지 않는다고 포기한다.

아예 안 된다고 스스로 반복하며 선언해 버리니 자신의 뇌가 그렇게 반응하며 더 이상 할 수 없도록 온 몸을 꽁꽁 묶어 버린다.

"할 수 있다", "하면 된다", "하자"라는 구호를 아침마다 크게 외치며 일과를 시작하는 회사들이 많지만 그렇게 외치고도 바로 돌아서면 "난 안 돼" 하며 스스로를 제지해 버린다.

배울 수 있고 익힐 수 있고 눈으로 보고 들을 수 있음을 감사해하면서 하루하루 살아간다면 우리의 삶이 더욱 풍성해질 수 있다.

특히 가능하면 각 분야 전문가를 멘토mentor로 많이 모시는 지혜가 필요하다.

젊은 날에는 혼자서 모든 것을 해낼 수 있다는 교만에 빠져 멘토를 모셔 들이는 일을 등한시했지만 나이 들어보면 과연 혼자서는 모든 것을 알 수도 깨달을 수도 없다는 것을 알고 필요할 때마다 언제든지 물어볼 수 있는 멘토를 모시게 된다.

멘토링과 코칭의 매력

우리나라에서는 멘토링mentoring과 코칭coaching이 비교적 보편화되어 있지 않지만 나이 들어 이런 단어들과 친하게 지내면 크게 도움이 된다.

자신이 멘토나 코치가 되기 위해 노력하기보다 나이에 상관없이 멘토나 코치를 가급적 많이 모시고 평생학습 모드로 들어가면 얼마나 유익한지 모른다.

끝없이 펼쳐지는 미지의 세계가 눈앞에 닥쳐도 두려워할 필요가 없다. 모르는 것이나 문제가 생겨도 오히려 여유가 생기고 멘토와 코치의 도움을 얻어 과연 이 상황을 어떻게 해결하게 될까 하며 기대하게 된다.

평생학습을 하려고 마음만 먹으면 주위에 이런 프로그램은 얼마든지 깔려 있다. 직장에서 은퇴를 하고 방송통신대학에 가서 공부를 하기도 하고 각 대학에 있는 평생교육 프로그램에 등록하여 학습할 수도 있다.

소규모로 개설하여 학습하는 프로그램들도 SNS를 통해 알아보면 주위에서 얼마든지 찾을 수 있다.

평생학습이 필요한 여생

중요한 것은 내가 먼저 나서서 찾으면 찾을 수 있지만 마음의 문을 굳게 닫고 소극적인 자세를 취하면 그런 유익한 프로그램도 좀체 찾기 힘들다.

그저 여생餘生을 편하게 살겠다고 모든 것으로부터 관심을 끊어버리면 몸이야 편할지 모르지만 원치 않는 100세 시대에 아직도 창창하게 남은 수많은 시간을 어떻게 보낼 것인가?

현명하게 나이 들려면 뭐니 뭐니 해도 평생학습이 최고다.

호기심으로 똘똘 뭉치면 매일 새롭게 배우고 익히는 것이 즐겁고 기쁘다. 남이 뭐라고 하든 이보다 더 즐거울 수는 없다.

이것을 깨닫는다면 당장이라도 평생학습장으로 달려가라.

거기서 새로운 것도 배우고 이미 머리로 알고 있었던 것도 몸으로 익히고 새 친구도 사귀고 유능한 분을 멘토로 삼고, 코치도 발굴하라.

배우고 때때로 익히면 기쁜 것이 아니라, 배우고 익히면 언제나 기쁜 나날이 된다. 이런 벅찬 기쁨을 놓치지 말라.

바로 당신 앞에 놓여 있다.

바로 당신의 것이다.

지금 실행해 보면 어떨까?

스타일부터 바꿔보자

개성시대에는 스타일부터 바꿔야

일모작을 마치고 이모작을 시작하는 일은 대단히 큰 변화다.

이렇게 이왕 시작하는 이모작을 먼저 스타일부터 바꿔보면 어떨까? 헤어스타일도 바꾸고 안경도 바꾸고 옷도 바꿔보자는 말이다.

사람이라면 누구나 눈에 보이는 외모에 따라 끌리기도 하고 그렇지 않을 수도 있다.

본격적인 말을 하기 전에 먼저 외모를 통해 자신의 브랜드를 어느 정도 나타낼 수 있다면 매우 효과적인 브랜딩 전략이 된다.

이런 사례는 우리 주변에 얼마든지 있다. 그러나 필요성을 절감하지 못한다면 아무 소용없는 사치로 여겨질 뿐이다.

지난해 바꾼 오렌지색 모자와 흰색 안경테로 인해 요즘 어느 모임에 가든지 알아보는 사람들이 많아졌다.

그저 평범해 보이는 얼굴과 안경과 헤어스타일과 모자라면 몇 번을 봐도 기억하지 못한다.

하지만 튀어야 산다는 브랜드 전략이 먹혀 들어감을 피부로 느끼게 되면서 역시 내면의 변화도 중요하지만 겉으로 드러나는 외모의 변신도 중요함을 새삼 깨닫게 된다.

얼굴이 잘 생겼느냐, 몸매가 어떠냐는 전혀 문제가 되지 않는다. 지금은 개성만발의 시대다.

남이 뭐라고 하건 자신의 개성을 마음껏 발산하고 어필할 수 있다면 충분하다.

혼자서는 안 되니까 도움을 구하라

평생을 살면서 자신의 스타일을 바꾼다는 것은 그리 쉬운 일이 아니다. 게다가 자신에게 맞는 스타일이 어떤지 정확하게 알기도 어렵다.

누군가의 도움을 받는다고 해도 어느 정도는 주관적 판단이 앞서기 때문에 자신만의 스타일을 하루아침에 만들어 가기는 어렵다. 그래서 자신도 꾸준히 노력하고 가족이나 주위 분들의 도움을 받는 것이 좋다.

필자도 지금은 조금 나아졌지만 스타일에 대해 심각하게 생각하지 못했다.

그런데 여기저기 강연을 다니며 청중에게 보여주는 스타일의 중요성을 알게 되어 거의 10년 전쯤 정식으로 아내의 도움을 요청하게 되었다.

넥타이를 고르고 겉옷이나 셔츠를 살 때도 도움을 구했다.

그렇게 지내다 보니 지금은 가끔 아내가 이제는 어느 정도 색상을 맞출 줄 안다며 대견해 한다.

필자도 기분이 좋다.

하지만 아직도 멀었다. 그래서 여전히 아내의 도움을 구하고 스타일 전문가에게 묻기도 한다.

자신만의 독특한 스타일을 가진다는 것은 퍼스널 브랜딩을 위해 중요한 요소다. 하찮게 생각할 일이 아니다.

베이비부머들이여, 지금 당장 자신의 모습을 거울에 비춰보라.

배우자와 주위에 있는 동료들의 도움을 적극적으로 구하라. 밥을 사주면서까지 스타일 코디를 찾아 나서라.

세상에 공짜는 없다.

배움은 계속되어야 한다

목적이 뚜렷하면 배움이 즐겁다

어린 학창시절 공부를 즐겁게 하는 사람은 별로 없다. 대부분 좋은 학교나 좋은 직장에 들어가기 위해서 억지로 하기 때문이다.

하지만 인생이모작에서의 배움은 전혀 다른 즐거움이다. 게다가 동기부여가 확실할수록 즐거움은 배가된다.

초보 골퍼는 어설프게 남을 가르치려 들지만 프로골퍼는 늘 배움의 자세로 자신을 담금질한다.

진정한 인생이모작은 배움으로 출발해야 한다.

배우려 들지 않으면 지금까지 쌓았던 얕은 지식과 경험만으로 변화무쌍한 이 시대를 살아가기가 벅차다. 다른 건 몰라도 배우겠다는 겸손한 자세 하나만 있다면 못할 일이 없다.

나이가 들면서 배우지 않는 이유는 배움의 목적이 분명치 않아서다. 일모작에서부터 뭔가 배워서 뭔가 하나라도 더 소유하려 했던 습관이 몸에 배서 그렇다.

이제부터는 남 주기 위해 배움을 시작하면 어떨까?

배울 수 있다는 것은 아직도 심신이 건강하고 쓸 만하기 때문이다. 배워서 내 것만 취하려고 하니 배우기도 힘들고 보람과 성취감도 떨어져 배움의 흥미를 쉽게 잃고 만다.

생각을 바꾸어 부지런히 배워서 남을 위해 봉사하고 사랑하는 데 사용하려 하면 배움이 완전히 달라진다.

배워서 남 주는 이타행利他行

나이 들어 배우는 것은 학문적 깊이를 더하기 위함이라기보다 깨달음을 얻기 위한 방편이다.

사람은 일평생 살면서도 결국에는 완전한 깨달음의 경지에 이르지 못하고 사라진다.

하지만 배움을 통해 과연 나는 누구이며 왜 여기 있는가를 스스로 묻다 보면 이기적인 욕심에 따라 끌려 다니며 살지 않고 나보다는 남을 위하여 살아가는 삶이 더 가치 있다는 사실을 서서히 알게 된다.

책을 통한 간접 경험도 좋고 다른 사람과의 관계 속에서 진솔한 대화를 나누다 보면 과연 어떻게 사는 것이 보람 있는 여생을 살게 될지 목적이 분명해진다.

배우자. 또 배우자. 가급적 각 분야에 고수들을 찾아 멘토로 많이 모시고 끊임없이 배워보자.

시간과 돈과 노력을 쏟아 부우며 배움의 기회를 놓치지 말자.

내공을 키우자. 내실을 다지자. 경쟁력을 쌓아가자.

새로운 시대에는 새로운 것들로 무장하자.

여럿이 모이면 그 중에 반드시 스승이 있음을 알고 겸허히 배움의 자세로 사람들을 만나고 대화하고 사귀자.

책을 더 읽자. 스마트세상을 더 알아가자.

새로운 도구들에 관심을 갖고 배우고 활용하자.

시간이 없다 핑계대지 말고 시간을 만들어 배우자.

바쁘다 하지 말고 우선순위를 바꿔 배우자.

배울 수 있을 때 배우자.

돈보다 배움의 기회를 택하라

배움, 현명하게 이모작을 준비하는 방법

많은 사람들이 이모작을 시작하면서 돈 벌기를 최우선순위로 둔다. 그래서 그들의 관심은 오로지 어떻게 하면 돈을 더 벌겠느냐 하는 데 쏠려 있다.

하지만 돈보다는 배움의 기회에 우선순위를 두어야 한다.

배우고 익히며 자신만의 브랜드를 만들면 돈은 자연스레 따라오게 되어 있다.

돈 벌기를 우선하지 말아야 하는 이유는 일모작과 달리 조직에 소속되어 있지도 않고 아직 퍼스널 브랜드도 갖추지 못한 상황에서 마음만 조급해지기 때문이다.

마음이 조급해지면 시야마저 좁아지면서 다른 사람에게 그런 의도가 여과 없이 내비쳐 보이기 때문이다.

인간은 평생 배워야 한다. 정보시대가 지나고 스마트시대가 왔기 때문에 이제는 더 배울 것이 많아졌다.

그런데 나이 들면서 배움을 포기하는 것은 어리석은 일이다. 아니 나이 들수록 새록새록 배움의 기쁨을 훨씬 깊이 맛볼 수 있다.

배움에 머물지 말고 몸에 체득하여 실행으로 옮겨가면 우리는 많은 일을 해낼 수 있다. 그래서 평생교육의 시대가 되었음을 감사해야 한다.

날이 갈수록 새로운 것이 쏟아져 나오기 때문에 배우고 또 배우는 기회를 스스로 포착하는 것이 현명하게 이모작을 준비하는 방법이다.

나이 들어서 효과적으로 배우는 방법

좀 더 효과적으로 배우는 방법은 누군가에게 자신이 배운 내용, 그리고 자신이 아는 유익한 내용을 나누어주는 것이다.

그냥 듣고 실행에 옮기지 못하면 머리에 쌓였던 지식은 쉽사리 사라지지만 주변에 있는 사람들에게 한 가지씩 알려주고 도와주다 보면 훨씬 더 많이 알게 되고 몸에 익히게 된다.

이 비결을 안다면 다른 사람에게 나누어주는 일을 기꺼이 해낼 수 있다.

배운 것을 내 것이라고 움켜쥐고 있으면 시간이 조금만 흘러도 어느새 내 품과 손아귀에서 빠져나가 버린다. 반면에 배운 것을 나눠주고 또 나눠주면 자신도 모르게 그 모든 것이 자신의 것으로 풍성하게 돌아온다.

이제 인생이모작은 일모작과는 달라져야 한다.

돈보다 하나라도 더 배우려고 애써보자.

젊은이들로부터 배우기 위해 아낌없는 노력을 해보자.

배우는 즉시 주변에 있는 사람들에게 묻지 않아도 가르쳐주고 나눠주자.

그들을 위해서 그리고 동시에 자신을 위해서 그렇게 해보자. 습관이 되려면 시간이 꽤 걸릴 것이다.

하지만 의지만 굳건하다면 얼마든지 해낼 수 있다.

작은 일로부터 출발해서 차근차근 시도해보자. 끈기를 갖고 해보자. 불가능은 없다. 얼마든지 가능하다.

지금까지 시도해 보지 않아서 서툴겠지만 그래도 해야 할 일이니 시작해보자. 언젠가는 사람도 얻고 돈도 따라오게 되어 있다.

이제 요리를 하자

남자도 요리할 줄 알아야

세상이 변했다. 요리는 여자들이 해야 한다는 고리타분한 사고방식이 바뀐 지 오래 되었지만 아직도 남자는 요리를 해서는 안 된다는 고정관념에 사로잡혀 사는 50년대 이전의 세대들을 얼마든지 찾을 수 있다.

그런데 막상 직장에서 퇴직하고 보면 하루 세 끼 식사하는 것이 장난이 아니다.

사람이 살아가는 데 의식주가 필수지만 그 중 식사는 하루 세 번씩 어김없이 찾아온다.

직장 다닐 때 온 몸과 마음을 쏟아 일에 열중할 때는 배우자가 음식을 해주거나 식당을 찾아가 식사하는 것이 당연하게 여겨졌지만 이제는 아니다.

남자도 요리를 해야 하고 할 줄 알아야 한다.

요리는 그리 어렵지 않다.

생각만 바꾸면 누구나 요리를 할 수 있다.

남자들을 위한 요리책도 많고 음식마다 과정별로 동영상을 제공하는 전문 사이트도 있다. 특히 배우자에게 부탁하고 배우면 얼마든지 할 수 있다.

선입견만 깬다면 언제든지 할 수 있는 것이 바로 요리다.

특히 오랫동안 직장생활을 했던 남자들은 대체로 매뉴얼대로 따라 하는 요리는 정말 잘할 수 있다.

일상에서 큰 비용을 들이지 않고도 가족들이나 가까운 친지들을 불러 식사할 수 있고 자연스럽게 커뮤니티도 만들어 갈 수 있다. 이제 용기를 가지고 요리를 시작해보자.

남자도 요리를 해야 하는 이유

막상 요리를 시작하면 먼저 배우자들이 아주 좋아한다.

간혹 배우자가 여행을 가야 하는 경우에도 남자들이 요리를 할 수 있다면 훨씬 가벼운 마음으로 여행을 떠날 수 있다.

그리고 백년해로를 약속하지만 원치 않게 배우자를 먼저 보내고 혼자 남을 수도 있다. 이럴 때를 대비해서 요리를 배워야 한다.

남자들이 요리를 해야 하는 또 하나의 이유는 지금까지 전혀 해보지 않았던 일에 도전함으로써 호기심이 생기고 생활에 활력을 불어 넣을 수 있기 때문이다. 답답하고 무덤덤한 일상이 아니라 뭔가 변화가 생기기 시작한다.

은퇴한 남자들이여, 이제 요리를 시작하자.

방법은 얼마든지 찾을 수 있다.

지금 이 시대는 금남이나 금녀의 벽이 벌써 허물어졌다.

성차별 없이 도전할 수 있는 것이 요리다.

모바일 동영상으로 요리를 코칭하는 모바일 쿠커라는 새로운 직업도 생겼다. 요리에 관심 있는 남자들이 도전해 볼만한 새로운 평생 직업이다.

더 이상 요리는 여자들의 전유물이 아니다.

오히려 너무 오랫동안 여자들은 요리를 하다 보니 새로운 요리 트렌드에 대해 둔감할 수도 있다.

부부가 함께 요리하며 오손도손 살아가는 것도 인생이모작에서 느낄 수 있는 새로운 즐거움이 아니겠는가?

사람을 통해 배운다

매뉴얼보다는 사람을 통해 배워라

어릴 때부터 입시 위주로 소위 주입식 교육을 받아온 우리는 대체로 매뉴얼을 중심으로 배우는 데 익숙해져 있다.

하지만 진정한 학습은 사람으로부터 배우는 것이다.

예절부터 시작하여 고도의 기술까지 그 모든 분야의 엄청난 디테일을 모두 문서화하기 어렵기 때문에 사람으로부터 배우겠다는 자세를 갖고 임하는 것이 그 무엇보다 중요하다.

두세 사람이 있으면 그 중에 스승이 있다는 옛말은 맞는 말이다. 한 사람이라도 진심을 담아 사귀면 그로부터 많은 것을 배울 수 있다.

링컨은 이런 말을 했다.

"나는 배울 점이 없는 사람을 만난 적이 없다. 비록 대부분 '저렇게 하지 말아야지'하며, 하지 말아야 할 일에 대해 배웠지만 …."

고도성장의 엔진이 멈추고 보니 다양한 사람들의 모습이 눈에 띈다. 우리 사회 구석구석에 자기만의 독특한 브랜드를 갖고 이를 바탕으로 실천하며 살아가는 사람들이 아주 많다. 좋은 현상이다.

다른 사람을 통해 배우려면 우선 겸손해야 한다.

나보다 남을 낮게 여기고 인정하지 않으면 아무 것도 배울 수 없다. 나와 비교하며 우열을 가리려고 하면 누구에게 배울 것인가?

한 수 배우겠다는 정신으로 다가가 말을 걸고 배움을 청하면 배우는 게 가능하다. 하지만 수십 년을 그렇게 살아오지 못한 탓에 실행에 옮기기는 쉽지 않다. 그래도 시도해야 한다.

배움은 작은 것으로부터 시작해야 한다.

무슨 거창한 것부터 배우려 들면 시작부터 힘들어진다. 아주 사소한 것이라도 내가 알지 못하거나 익숙지 않은 것은 차근차근 배워나가면 된다. 이렇게 하나씩 배우다 보면 그것뿐 아니라 유사한 다른 것까지 배울 수 있다. 이게 덤이다.

남을 인정해야 배울 수 있다

우리나라 사람들은 대체로 다른 사람의 전문성을 인정하지 않으려는 경향이 있다. 남의 전문성을 인정하지 않으면 자신도 결국 동일한 취급을 받게 마련이다.

사소한 차이라도 나보다 나은 것을 먼저 인정해야 배울 수 있다.

배우려는 자는 먼저 인간적인 접근이 필요하다.

살갑게 대하며 정성을 모아 대접하기를 힘쓰면 많은 것을 배울 수 있지만 기본적으로 인간적인 신뢰가 쌓이지 않으면 상대가 경계심을 가지기 때문에 관계가 소원해지고 배우기도 어렵게 된다.

할 수 있는 모든 방법을 동원해서 편하게 대하고 식사에도 초대하고 가진 것을 나눠주면 차츰 마음의 문을 열게 마련이다.

젊은 날에 멘토를 잘 모시지 않는 이유는 자신이 멘토보다 못하지 않다는 자만심 때문이다. 막상 멘토를 모시면 그때부터 놀라운 변화가 생기기 시작한다.

멘토라 불리는 상대의 입장에서는 하나라도 더 많이 도와주고 알려주려고 애를 쓴다. 그래서 필자는 분야별로 멘토를 많이 모시기 위해 노력하고 있다.

세상이 급변하고 있다.

한 사람이 다양한 분야의 모든 일을 모두 알 수도 없고 배울 수도 없다. 그렇다면 만나는 사람을 소중히 사귀고 그로부터 배워나가면 된다.

우리는 평생 배워야 한다.

평생학습에도 왕도가 있다. 새로운 사람을 만나는 일을 몸에 배도록 습관화하면 놀라운 일이 생긴다.

새로운 사람을 만날 때마다 새로운 경험을 하게 되는 것이다. 한 주가 지나면 다음 주에 또 어떤 새로운 사람을 만나게 될지 기대하게 된다. 그래서 즐겁다.

배우지 않아도 될 사람은 패배자와 낙오자

만나는 모든 사람이 스승이다.

그들은 모두 뭔가 나와는 다른 무엇인가를 알고 있고 대단한 사람을 친구로 삼고 있다. 혹시 만나는 그 사람과의 관계가 그리 탐탁지 않을지라도 그의 친구와 또 다른 새로운 관계를 맺을 수 있다. 그래서 또 배우게 된다.

나는 더 배울 것이 없다는 사람은 이미 패배자요 낙오자다.

얼마든지 배울 것이 많은데도 그것을 간과하고, 자신이 얼마나 지식이 많고 경험이 풍부한지 몰라도 교만한 사람은 더 이상 발전이 없다고 봐야 한다.

자칫 나이든 사람이 젊은 사람에게는 배울 것이 없다거나 회사의 CEO나 임원이 되면 직원들은 가르쳐야 할 대상으로 착각하는 경우가 많다.

시대가 워낙 빠르게 흘러가고 정보와 기술도 하루가 다르게 발전하고 달라지기 때문에 젊은 사람이든 직원이든 누구에게나 배우겠다는 적극적인 자세를 가져야 한다.

배움을 멈추었다면 다시 돌이켜보고 시작해보자.

하루 동안 만나는 사람들을 통해 한 가지씩 배워나가면 한 달이면 서른, 1년이면 삼백육십 가지를 배울 수 있다.

배우기 위해 새로운 사람 만나기를 주저하지 말고 먼저 다가가서 배움을 청하자. 아무리 세상이 변해도 배움을 지속한다면 얼마든지 이겨나갈 수 있다. 그게 평생학습이다.

나눔의 비밀

나눌수록 늘어나는 행복

나눔은 실로 아름다운 것이다.

나눔은 내가 가진 모든 것을 아낌없이 주는 것이다. 나눔은 나누는 자에게 그 누구도 그 무엇도 가져다줄 수 없는 기쁨과 보람을 안겨준다.

나눔, 그 속에는 이렇게 비밀이 숨어 있다. 진정한 나눔의 실천을 통해 모두가 함께 행복할 수 있다.

인생이모작은 나눔으로 시작해보자.

흔히 나눔에 대해 얘기하면 나에겐 나눌 게 없다, 왜 나누는가, 누구에게 나누어주란 말인가? 이렇게 반문하는 사람들이 있다.

부모와 국가와 회사와 형제와 이웃에 대한 감사의 마음이 나눔의 원천이다. 이 세상에 독불장군이 어디 있으랴?

이제까지 살아온 것이 누구누구의 덕분이고 세상의 덕택이라는 보은報恩의 마음가짐이 바로 나눔의 출발이다.

따지고 보면 감사하지 않을 것이 없다.

그런데 우리는 너무 오랫동안 감사를 잊고 살아왔다.

특히 직장생활을 오랫동안 해왔던 은퇴자들은 그저 하루하루 감사를 잊고 살다 막상 은퇴하고 나면 할 일이 있다는 것에 새삼 감사하고, 건강이 있고 배우자가 있고 친구가 있음에 감사한다.

이제 그 감사하는 마음을 마음에만 담아두지 말고 표현하자. 행동으로 보여주자. 코칭은 나눔의 첫걸음이다.

맥아더스쿨에서 코칭을 시작하면서 첫 시간부터 내내 강조하는 것은 나누는 마음가짐이다.

새로운 것을 한 가지 더 배우는 것보다 중요한 것은 감사하는 마음으로 이웃에게 나누어 주는 것이다.

티칭 대신 코칭을 하는 맥아더스쿨

맥아더스쿨에서 티칭teaching을 하지 않고 코칭coaching을 하는 이유는 바로 나누기 위한 것이다. 티칭이 일방적으로 알고 있는 지식을 전달하는 것이라면 코칭은 삶의 여정에서 꼭 알아야 하는 것을 서로 배우고 익히는 과정이다.

그런데 나이가 들면 기억력이 아무래도 젊은이들보다는 못하다. 머리로 기억하려면 한계에 부딪친다.

그래서 나눔이 더욱 필요하다.

첫 시간부터 배우는 것을 일주일 동안 나눔으로써 익히는 것이다. 그렇게 하면 머리가 아닌 몸으로 체득하게 되어 경쟁력을 갖출 수 있고 잊어버리지도 않는다.

이것이 바로 나눔의 놀라운 비결이다.

그냥 자신이 배우는 것으로 끝나는 경우에는 몇 개월 지나지 않아 모두 잊어버리고 만다. 필자는 지난 3년 동안 170명을 코칭하면서 많은 것을 배웠다.

아주 사소한 것도 반복하고 인내심을 발휘하여 이젠 웬만하면 몸이 기억하는 단계까지 이르렀다. 그래서 누구보다 경쟁력을 갖추고 있다는 말을 듣는다.

그러다 보니 지금은 새로운 일을 만드는 창직 전문가로 발돋움하고 있다. 돌이켜 생각해봐도 놀라운 일이다.

지능지수가 높은 것도 아니고 기억력이 좋은 것도 아니고 대인관계가 원만한 것도 아니었는데 코칭과 나눔으로 행복한 시간을 보내고 있다.

바로 이것이다. 이것이 나눔의 비밀이다.

의심하지 말라

원래 세상은 그랬다

인생이모작의 첫째 걸림돌은 의심이다.

과연 내가 시작할 수 있을까? 지금까지 나의 재능을 생각도 해본 적이 없는 정말 퍼스널 브랜드를 찾을 수 있을까? 이제 나이 들고 기억력도 떨어져 가고 눈도 침침한데 할 수 있을까?

이런 의심을 과감히 떨쳐버려야 한다.

직장생활을 오래 했다면 이런 근심과 걱정이 저절로 몸에 배어 물리치기 어려운 상태가 되어 있다.

하지만 얼마든지 새롭게 시작하는 이모작에서 두려움이나 의심을 벗어버리고 변신하고 있는 사람들이 있다.

"다른 사람은 몰라도 나는 안 돼" 하는 마음만 고쳐먹으면 얼마든지 가능하다.

두려움과 의심은 사람을 작고 쪼그라들게 만든다.

이들의 대부분은 아직 일어나지도 않은 일에 대해 막연한 상상으로부터 출발한다.

50년, 60년을 살고 나면 그게 아무 것도 아닌 줄 깨닫게 되지만 유독 깨달음이 늦는 경우는 대기업이나 공기업에서 오래 일한 사람들이다.

근무환경이 그래서인지 같은 세상을 살건만 세상을 몰라도 너무 모른다. 지금 그들의 후배 젊은 직장인들도 나이가 들어 막상 퇴직해 보지 않고는 마찬가지일 것이다.

겉으로는 제법 똑똑해 보이지만 퇴직 후 이구동성으로 하는 말이 세상이 왜 이러냐는 투다. 자기가 변화의 절실함을 모르고 살아서 그렇지 원래 세상은 그랬다.

'들이대' 정신이 필요하다

때로는 세르반테스의 돈키호테 같은 마음이 필요하다.

이럴 때 '들이대' 정신은 반드시 적합하다.

최근 서유석 가수가 부른 "너 늙어봤나, 난 젊어 봤단다"란 노래가 유튜브 동영상에서 인기다.

이런 당당함이 인생이모작을 시작하려면 꼭 필요하다.

남들이 뭐라 해도 이 길이 옳다고 한 번 판단하면 우직하게 밀고 나가야 한다.

게다가 이제부터는 나의 길을 내가 만들어 가야 하기 때문에 더욱 그렇다. 따지고 보면 걱정하고 근심하는 시간과 에너지는 상상을 초월한다.

이런 시간과 에너지를 뭔가 창의적이고 재미있는 일로 엮어 나가면 훨씬 좋을 것이다.

의심 따위는 강물에 던져버려라. 나이도 잊어버리고 오로지 재미있고 보람 있는 꺼리를 만들어 보라.

세상은 생각보다 훨씬 재미있고 살 만하다.

조만간 후배를 포함한 50대 후반 세 남자가 마을버스를 타고 세계여행을 떠난다고 한다.

이들의 용기와 발상이 너무 재미있어서 함께 가지는 못하지만 서포터즈 그룹을 만들었다. 만 명이 목표다.

이들이라고 이런 기상천외한 여행계획을 세우면서 정말 의심이 없었겠는가. 당연히 있었단다. 부부싸움도 했단다.

하지만 결국 그들은 모든 의심과 두려움을 날려버리고 과감한 결심을 했다.

그래서 모두가 환호성을 울린다.

그들의 용기에 대해서 말이다.

창의성은 질문으로부터 나온다

질문의 힘

질문은 대단한 파워를 가지고 있다.

질문 하나로 사람을 살리기도 하고 죽이기도 한다. 창의성은 개발하면 할수록 새로운 것이 끊임없이 흘러나온다.

창의성은 질문을 통해 인식하고 깨닫고 생각하고 행동하게 만든다. 질문을 통해 배운다. 많은 사색을 통해 질문 능력이 키워진다. 질문하는 자와 질문하지 않는 자의 수준은 점점 벌어진다.

인생이모작을 하려면 질문부터 하라.

호기심 천국이 되려면 질문을 먼저 하라. 호기심이 없다면 나이가 젊어도 이미 늙은 것이다.

어린아이를 생각해보라. 세상에 태어나 눈에 보이는 모든 것이 궁금하여 하루에도 셀 수 없는 많은 질문을 한다.

그런데 나이 들면 질문이 줄어들고 직장이라는 틀에 박혀 오래 생활하다 보면 질문이라는 용어조차 생소하게 여겨진다.

질문을 회복해야 한다.

어릴 때는 원래 질문이 많았기 때문에 나이 들면서 다시 아이처럼 질문하는 사람으로 돌아가자는 말이다.

질문한다는 것은 어렵지 않다.

질문하는 것 자체에 대한 두려움만 버리면 얼마든지 질문자가 될 수 있다. 겸손해지면 질문할 수 있다.

내가 모든 것을 안다고 생각하면 질문해야 할 이유를 찾지 못한다. 하지만 자신이 부족하다고 느끼면 질문할 수 있다.

질문을 통해 우리는 얼마나 많은 깨달음에 이를 수 있는지 모른다.

자문자답의 노하우

100세 시대가 되었다. 전문가들은 적어도 75세 정도까지는 상상력과 창의력이 자라난다고 한다. 이모작 시기도 창의력이 자라난다는 뜻이다.

그렇다면 50대 후반 또는 60대는 정신적 황금기라고 볼 수 있다. 지식도 많고 경험도 풍부하기 때문에 고정관념이라는 틀만 깨뜨리면 창의성을 개발하기에 가장 적합한 나이다.

다만 선입견과 편견을 버리고 실행력을 앞세우면 자신도 상상하지 못한 창의성이 돋보이게 된다. 질문은 습관이다. 하루아침에 멋진 질문이 입에서 쏟아져 나오지 않는다.

질문을 하기 위해서는 많은 노력이 필요하다. 우선 질문에 대한 주저함을 뛰어넘어야 한다. 내가 이런 질문을 하면 창피 당하지 않을까를 걱정해서는 안 된다.

그렇다. 질문하기는 어린아이로 돌아가는 길이다. 안다고 생각하는 것도 질문해 보면 상당 부분 내가 미처 몰랐던 사실들이 질문 대화를 통해 알게 된다.

게다가 질문을 많이 하면 스스로 답을 찾게 된다. 결국 질문은 나를 깨우는 것이다.

상대방에게 질문하는 것이 아니라 자기 자신에게 묻고 대답하게 된다는 뜻이다.

이 비결을 안다면 질문에 대한 오해에서 벗어날 수 있다. 창의성은 질문에서 나온다. 묻고 또 묻다 보면 새로운 아이디어가 어느새 머리에 떠오른다. 소위 컴퓨터처럼 머릿속에서 시뮬레이션이 일어나는 것이다.

그렇게 하면 인생이모작에서 자신만의 브랜드를 찾을 수 있다.

튀어야 산다

온리원only-one의 철학

웃겨야 산다. 개그맨들의 슬로건이다.

그들은 웃기지 못하면 바람과 함께 사라진다.

개성 발랄한 시대에는 튀어야 산다. 튀는 것은 온리원only-one과 일맥상통한다. 튀려면 제대로 튀어서 남과는 뭔가 달라야 한다. 그래야 눈에 띈다.

평범한 것으로는 알려지지 않는다. 뭔가 다르고 한 눈에 쏙 들어와야 사람들이 관심을 갖는다.

물건을 고를 때도 이런 생각으로 쇼핑을 하러 가면 첫 눈에 띄는 것을 바로 사야 한다. 그렇지 않고 이것저것 둘러보면 이내 그저 그런 물건을 고르게 된다.

모자도 옷도 글도 그림도 생각도 행동도 튀면 튈수록 금방 알아보게 된다. 상대방에게 저절로 각인된다.

베이비부머들은 튀면 죽는 세상을 살아왔다.

한때 길거리에서 두더지 잡기 놀이가 유행했었다.

나무망치를 들고 있다가 두더지가 나오면 머리를 사정없이 두들겨 패는 게임이다.

직장 상사를 생각하며 두들기기도 하고 세상 온갖 스트레스를 풀기 위해 힘 다해 패기도 했다.

하지만 다음날 직장에 출근하면 노심초사 어떻게 하면 눈 밖에 나지 않을까 애쓰고 그저 톱니바퀴 중 하나로 살면서 남보다 뭔가 다르면 상사나 동료들에게 질타를 받게 되니 조용히 지내야 했다.

그러다 보니 개성은 사라지고 오로지 기계 부속품처럼 되어 버렸다.

튀어야 사는 인생이모작

인생이모작에서는 한 번 튀어보자.

수십 년 잊고 살았던 잠재력을 끌어올려 개성 발랄하게 살아보자. 멋진 모자를 쓰고 번쩍거리는 구두를 신어보자. 옷도 튀는 색으로 바꿔보자.

외모도 외모지만 내면에서도 튀어 보자. 들이대 보자. 활달하게 밝은 웃음을 지어보자.

필자가 튀어야 산다고 외치고 다녔는데 어느 자료를 보니 경영

학 구루 톰 피터스도 같은 말을 했다고 한다.

아마 서로 비슷한 생각이 있었을 것이다.

튀려면 생각을 바꿔야 한다. 엉거주춤은 튀는 것의 적이다. 과감하게 튀어야 한다. 적어도 남에게 피해를 주지 않는 선에서 마음껏 튀며 살아보자.

크게 웃으면 자신감이 생긴다. 자신감이 있는 사람은 튈 수 있다. 튀다 보면 자신감이 생기기도 한다. 무한긍정의 마인드는 튀다 보면 자리 잡는다.

평범함을 버리고 뭔가 특별하기를 원한다면 일단 튀자. 지금 이 시대는 튀면 죽는 세상이 아니라 튀지 못하면 사라지는 세상이다.

타고난 조용한 성격은 땅에나 묻어버리자.

그런 나를 누가 알아주기나 하는가.

당당하게 나를 표현하고 알리면 세상은 나를 부른다. 할 일이 있다고 손짓을 한다.

조용하게 시키는 일이나 하며 살아온 일모작을 뒤로 하고 이제는 나와 세상을 위해 멋진 이모작을 시작해보자.

세상은 넓고 할 일은 무지하게 많다.

러빙 유Loving You

겸손이 지나치면 자존감 상실

인생이모작을 위해서는 먼저 자존감의 정립이 필요하다.

우리나라 사람들은 대대로 자신을 낮추는 겸손을 미덕으로 배우고 믿어왔기 때문에 다른 사람들 앞에서 자신을 표현하는 것을 쑥스럽게 생각한다.

그 결과 겸손이 지나쳐 자존감마저 상실해 버렸다.

자존감 없이는 자신감을 가질 수 없기 때문에 누가 보더라도 어느 수준 이상의 뭔가를 이루었다고 하는 사람조차도 자신감이 없어 보이는 경우가 허다하다.

겸손을 좋게만 볼 수 없는 이유는 결국 그 부족한 자존감과 자신감의 결과로 인해 다른 사람에게도 매사 소극적이고 부정적인 이미지로 비쳐지기 때문이다.

자기 자신을 먼저 사랑해야 남도 사랑할 수 있다.

맥아더스쿨 코칭을 하면서 필자가 관찰한 바로는 생각보다 많은 사람들이 자신을 표현하려는 의지와 기술이 결여되어 있다는 점이다.

L씨는 지난 30년간 우리나라 방송계를 주름잡던 사람이다. 퇴직 후 바른방송문화 정착을 위해 그가 가끔 자신의 홈페이지와 페이스북에 올리는 글을 보면서 그의 범상치 않은 관찰력과 필력을 확인할 수 있었다.

그런데 정작 자신은 그런 줄 몰랐던 것 같다.

그의 글을 보고 여기저기서 그에 대한 뜨거운 반응을 보이고 많은 페이스북 사용자들이 그의 게시물을 보았다는 통계를 보고서야 새삼 자신감을 되찾고 있다.

퍼스널 브랜딩을 위한 필수품

사실 세상을 살아가면서 자신감 없이 할 수 있는 일이 얼마나 있으랴?

사업을 하는 사람도 50%의 가능성만 보이면 나머지는 꿈과 희망을 가지고 용감하게 밀어붙이게 된다.

그리고 그렇게 밀고 나가다 보면 없던 길도 나타나고 비즈니스 환경에 따라 목표도 수정하게 되어 이윽고 원하는 목적지에 다다르게 된다.

이것이 비결이다. 생각 없이 행동하는 것은 문제가 있지만 생각만 하고 행동으로 옮기지 않는다면 이루어질 수 있는 일이란 아무것도 없다.

바이블에도 두드리면 열린다고 하지 않았던가?

바둑에도 장고에 악수 둔다는 말이 있다.

생각은 이제 그만하고 실천해 보자.

러빙유는 먼저 자신을 사랑하는 것이다.

자신을 사랑하게 되면 자존감이 생기고 자존감이 자라나면 자신감이 커져 간다.

이타심도 그 뿌리는 자신을 진정 사랑함에서 출발한다.

자신을 인정하는 사람은 떳떳하게 자신을 표현할 줄 안다.

처음엔 다소 낯 뜨거워질 수 있지만 궁극적인 목적이 자신의 입신양명이나 탐욕이 아니라면 얼마든지 이겨낼 수 있다.

인생이모작에서는 스스로 판단하고 선택할 수 있어야 한다. 러빙유나 자기표현도 하나의 선택이다.

100세 시대에 할 일은 너무 많다.

퍼스널 브랜딩을 위한 러빙유는 필수다.

잠재력 끌어내기

자신의 잠재력을 과소평가하지 말아야

　인간은 유한하지만 때로는 대단한 잠재력을 갖고 있음을 알 수 있다. 베이비부머들 중에는 상당한 잠재력을 중장년이 되어서야 나타내는 경우가 있다.

　인생이모작을 위해서는 자신의 잠재력을 찾아낼 줄 아는 능력이 필요하다.

　스스로 잠재력을 발견하지 못하면 퍼스널 브랜딩 코치를 만나면 된다. 때로는 배우자나 친구가 코치 역할을 할 수도 있다.

　핵심은 자신의 잠재력을 과소평가하지 말아야 한다.

　20년 또는 30년 이상 조직에 몸을 담고 공동체 생활을 오래 해온 탓에 자신은 묻히고 회사나 브랜드만 나타난 경험이 퍼스널 브랜딩에 장애 요인이 되곤 한다.

정해권 아이패드닥터는 25년 경력의 영어 전문가다.

우연한 기회에 인생이모작의 필요성을 깨닫고 의논하던 중 아이패드 앱 중에서 발달장애우나 유아 및 노인을 위한 인지능력 개선 프로그램을 발견하고 현재 필자로부터 코칭을 받으며 창직에 몰두하고 있다.

그가 이 일에 적합한 이유가 있다.

우선 성격이 꼼꼼한 데다 영어를 자유자재로 구사하기 때문에 미국과 영국을 비롯한 해외에서 활용되고 있는 관련 자료나 앱을 찾아내는 데 유리하기 때문이다.

아직 한 달이 되지 않았지만 매주 프로젝트 진척 상황이 놀랍게 향상되고 있으며 동기 유발도 계속 일어나고 있다.

잠재력을 발굴하는 소크라테스 식 질문법

필자의 잠재력 발굴 방식은 나름대로 독특하다.

소크라테스 식 질문법을 바탕으로 철저하게 자신이 스스로 잠재력을 찾도록 유도하는 방법을 사용하고 있다.

왜냐하면 자신의 잠재력은 자신이 가장 잘 안다. 다만 너무 오랫동안 그 잠재력을 찾으려는 노력을 해보지 않았던 것뿐이다.

지난 4년 동안 필자는 이런 일을 하다 보니 나름대로 코칭의 요령도 생겨 하나둘씩 새로운 직업이 만들어져 가는 즐거운 체험을 하고 있다.

다만 일대일 코칭을 하다 보니 많은 사람들에게 한꺼번에 코칭을 할 수 없다는 단점은 있지만 그래도 코칭을 받은 후 다시 코칭을 시작하는 귀한 분들을 만나 신이 난다.

사소해 보이는 취미나 습관이나 경험이나 호기심이 자신의 잠재력을 만나 시너지를 만들어내는 것을 보는 것은 참으로 행복한 일이다.

지나친 겸손은 자존감을 떨어뜨려 자신감마저 사라지게 하는 것이니 우리 모두가 경계해야 한다.

그보다는 좀 더 적극적으로 자기 확신을 토대로 쇼업show-up할 수 있는 습관을 기르는 것이 현명한 방법이다.

아무리 능력이 탁월해도 그것을 확실하게 표현할 수 없다면 무엇에다 쓸 것인가?

이제까지 한 번도 자신의 잠재력 끌어내기를 시도해 보지 않았다면 이제라도 마음먹고 한 번 행동으로 옮겨보면 어떨까?

맥아더스쿨의 작은 혁명

누가 알아주지 않아도 반드시 해야 할 혁명

혁명은 대단한 것이다. 혁명은 한 나라의 운명을 바꿀 수도 있다.

지난날 우리나라도 혁명을 통해 나라의 진로가 크게 달라졌다. 교육 혁명은 시대적 과제다.

누구나 지금의 교육 시스템이 바뀌어야 한다고 하면서도 지난 수십 년 동안 달라진 것이 거의 없다.

그래서 맥아더스쿨이 지금 작은 교육 혁명을 시작한다. 아무도 하지 않고 있지만 누군가는 반드시 시작해야 하기 때문이다.

맥아더주니어스쿨이라 이름을 붙였다. 작은 혁명이라고 한 이유는 아무도 알아주지 않아도 좋다는 의미를 품고 있다.

그렇지만 이 일은 정말 소중한 일이며 앞으로 10년 또는 20년 후 대한민국의 미래를 위해 반드시 해야 할 일이므로 하는 것이다.

지난 4년 동안 170명의 성인을 상대로 인생이모작을 위해 일대일 코칭을 하면서 느낀 점은 이미 나이가 들면 마인드를 바꾸는 데 힘이 무척 든다는 것이다.

이런 점에 대해 코칭을 하는 필자나 코칭 대상자가 함께 공감하고 있다. 물론 100세 시대를 맞아 앞으로도 이들을 위한 일대일 코칭은 지속될 것이다.

그러면서 동시에 초등학교 4학년부터 중학교 2학년까지를 대상으로 주니어 일대 일 코칭을 시작하고자 한다.

먼저 학부모를 만나 상담을 하고 그 이후 주니어들을 만나 꾸준히 지도해 나갈 것이다.

티칭을 하지 않고 코칭을 통해 그들이 스스로 자신의 잠재력을 발견하도록 도울 것이다.

부모나 교사가 하기 어려운 일이다.

이제 말로는 그만하고 행동에 옮길 때

어느 세월에 일대일 방식으로 수많은 주니어들을 코칭할 것인가?

이렇게 묻지만 대답은 간단하다. 필자가 모두를 할 수는 없다. 그래서 그동안 필자에게서 코칭 수업을 받았던 분들의 도움이 필요하다. 주니어 두 명만 모여도 코칭은 어렵다.

이를 필자는 반드시 해낼 수 있다는 확신에 차 있다.

왜냐하면 4년 전 성인 코칭을 시작했을 때도 비슷한 상황이었지만 이제 와보니 괄목할 만한 성과를 거두고 있기 때문이다.

우리 사회에서 이미 학교 교육과 사교육의 문제점을 직시하고 대안학교나 가정 학교 또는 다른 방법을 찾기 위한 노력이 여러 곳에서 진행되고 있다.

궁하면 통한다는 절박한 신념으로 차근차근 해 나가면 결실을 보게 될 것이다.

LTMA(Less Talk More Action)라 한다.

이제 말로는 그만하고 행동에 옮길 때가 되었다. 혼자서 먼저 시작하면 취지에 동참하는 협력자가 나타나게 되어 있다.

1년에 할 수 없다면 5년이나 10년 후쯤에는 가시적인 결과를 볼 수 있을 것이다.

고영하 한국엔젤투자협회 회장은 우리나라의 미래는 얼마나 많은 청년들이 스타트업에 도전하느냐에 달렸다고 한다.

10년 후 청년이 되어 창업이나 창직에 도전하려면 주니어 시절부터 시작해야 한다.

더 이상 미루지 말자. 더 이상 환경을 탓하지 말자.

국가가 하지 못해도 국민 한 사람이 나서면 할 수 있다는 것을 보여주고자 한다.

코칭을 통해 자신감을 얻다

맥아더스쿨의 코칭

코칭이라는 영역이 있다.

맥아더스쿨은 퍼스널 브랜딩을 위한 일대일 코칭으로 널리 알려져 있다.

코칭이란 발전하고자 하는 의지가 있는 사람의 잠재 능력을 발굴해 내어 자기주도형 인재로 성장하는 데 도움을 주는 것이다.

그런 의미에서 코칭은 티칭과 차이가 있다.

지식과 경험을 가르쳐 주는 것이 티칭이라면, 코칭은 그런 지식과 경험을 바탕으로 스스로 자신의 정체성을 찾아내고 브랜딩하는 데 도움을 주는 역할인 것이다.

그런데 다른 사람을 코칭하면서 자신감을 얻게 된다는 것은 무엇을 말하는가?

이것은 바로 필자의 수년 간 겪어온 경험과 깨달음의 산물이다.

필자는 지난 4년 6개월 동안 170명을 코칭했다.

사실 처음부터 코칭을 하겠다고 시작한 것은 아니지만 우연히 시작한 코칭이 어느덧 세월이 흘러 자의반 타의반 코칭 전문가가 된 것이다.

이렇게 필자는 코칭을 통해 놀라운 변화를 경험하게 된다. 그다지 대단한 지식과 경험을 가지지 못했던 필자가 코칭을 거듭하면서 그런 것들이 차곡차곡 쌓여 내공이 생기게 된 것이다.

사람은 세상을 살아가면서 모든 경우를 모두 경험하지 못한다. 하지만 적어도 이런 코칭을 통해 많은 간접 경험을 하게 되면 직접 경험에는 비교할 바 아니지만 상당한 깨우침에 도달하게 된다는 것을 피부로 느꼈다.

코칭의 비결, 얼마나 진심으로 하느냐

당연히 필자의 경우는 누가 이런 사실을 알려주지 않아 맨 땅에 헤딩을 했지만 필자로부터 코칭 수업을 받는 분들에게 이렇게 얘기하면 금방 알아듣지 못한다.

그들은 하나같이 코칭을 하려면 코칭을 위한 코스를 밟아야 하고 학위가 필요하며 필자와 같은 많은 경험이 있어야 하지 않느냐고 반문한다.

물론 시간과 기회가 주어진다면 전문 코칭 과정을 이수하는 것이 상당 부분 도움이 될 것이다.

하지만 여기서 필자가 말하고자 하는 의도는 코칭 과정을 수료하지 않았다고 코칭을 할 수 없는 것은 아니라는 뜻이다.

오히려 먼저 코칭으로 경험을 쌓은 후에 코칭 전문 과정을 밟으면 더욱 도움이 될 것이다.

결국 핵심은 얼마나 진심으로 다른 사람을 코칭하는가에 달려 있다. 자신의 지식과 경험을 코칭에 적용함으로써 그들의 시행착오를 줄이고 다시 그들이 또 누군가를 코칭한다면 얼마나 보람 있는 일인가?

인간은 누구나 자신을 위해 산다. 다른 사람을 위한다고 말하지만 궁극적으로는 자신의 욕구를 채우기 위해 살아간다.

그런데 다른 사람을 코칭하면 스스로 보람을 얻게 되고 그것이 동기부여가 되어 자신의 정체성과 브랜드도 확실하게 굳어지는 것이다.

나이 들면 아무래도 젊은 날보다 기억력이 부족하여 어려워한다. 하지만 꾸준히 코칭을 하다 보면 굳이 기억하려 하지 않아도 어느새 몸으로 충분히 체화될 것이다.

이것이 비결이다.

새로운사람들은 항상 새롭습니다.
독자의 가슴으로 생각하고 독자보다 한 발 먼저 준비한다.
첫 만남의 가슴 떨림으로 여러분과 만나겠습니다.

인생이모작사관학교 맥아더스쿨 **마법의 코칭**

초판 1쇄 인쇄 2015년 9월 4일
초판 1쇄 발행 2015년 9월 9일

편   찬 정은상
펴낸이 이재욱
펴낸곳 ㈜새로운사람들
디자인 이즈플러스
마케팅 관리 김종림

ⓒ 정은상, 2015

등록일 1994년 10월 27일
등록번호 제2-1825호
주소 서울 도봉구 덕릉로 54가길 25 (창동 557-85, 우 132-917)
전화 02) 2237-3301, 2237-3316, **팩스** 02) 2237-3389
이메일 ssbooks@chol.com
홈페이지 http://www.ssbooks.biz

ISBN 978-89-8120-514-0 (03330)

* 책값은 뒤표지에 씌어 있다.